T0303750

# Pema Chödrön

# Abrazar lo inabrazable
## Vivir de todo corazón
## en un mundo descorazonador

Traducción del inglés de Jordi Roig

editorial Kairós

Título original: WELCOMING THE UNWELCOME

© 2019 by the Pema Chödrön Foundation
Publicado por acuerdo con Shambhala Publications Inc.

© 2019 by the Pema Chödrön Foundation
Fragmentos de *Fail, Fail Again, Fail Better* © 2015 by Pema Chödrön utilizados
con el permiso de la editorial Sounds True, Inc. "Basic Sitting Meditation"
inicialmente apareció en *Start Where You Are: A Guide to Compassionate Living*,
© 1994 by Pema Chödrön, publicado por Shambhala Publications. "Tonglen
Practice" adaptado de *When Things Fall Apart: Heart Advice for Difficult Times*,
© 1997 by Pema Chödrön, publicado por Shambhala Publications.

© 2020 by Editorial Kairós, S.A.
Numancia 117-121, 08029 Barcelona, España
www.editorialkairos.com

© de la traducción del inglés al castellano: Jordi Roig Masip
Revisión de Alicia Conde

**Fotocomposición:** Moelmo, S.C.P. 08009 Barcelona
**Diseño cubierta:** Katrien Van Steen
**Impresión y encuadernación:** Romanyà-Valls. 08786 Capellades

**Primera edición:** Febrero 2020
**ISBN:** 978-84-9988-748-7
**Depósito legal:** B 2845-2020

Este libro ha sido impreso con papel certificado FSC, proviene de fuentes
respetuosas con la sociedad y el medio ambiente y cuenta con los
requisitos necesarios para ser considerado un «libro amigo de los bosques».

*Este libro está dedicado a*
KHENCHEN THRANGU RIMPOCHÉ
*con amor, devoción y gratitud*
*por todo el apoyo y la bondad*
*que me ha brindado a lo largo de los años.*

# Sumario

# 1. Empieza con un corazón roto

*Nuestro objetivo es que nuestro corazón y nuestra mente despierten plenamente, no solo para nuestro propio bienestar más elevado, sino también para aportar beneficio, consuelo y sabiduría a otros seres vivos. ¿Puede haber alguna motivación superior a esta?*

Cuando te relacionas con las enseñanzas espirituales, es sensato conocer cuáles son tus intenciones. Por ejemplo, puedes preguntarte: «¿Cuál es mi propósito al leer este nuevo libro, con su ominoso título *Abrazar lo inabrazable*?». ¿Lo lees porque los tiempos son inciertos y quieres algunas pistas sobre lo que te ayudará a superar lo que se avecina? ¿Lo haces para obtener sabiduría acerca de ti mismo? ¿Esperas que te ayude a superar ciertos patrones emocionales o mentales que socavan tu bienestar? ¿O alguien te lo dio –rebosante de entusiasmo– y ahora lo lees para no disgustar a esa persona?

Tu motivación puede incluir algunas o todas las motivaciones anteriores. Todas son buenas razones (incluso la última) para leer este o cualquier otro libro. Pero en la tradición budista mahayana a la que pertenezco, cuando estudiamos las enseñanzas espirituales, empezamos desarrollando una motivación aún mayor, conocida como *bodichita*. En sánscrito, *bodhi* significa «despierto» y *chitta* significa «corazón» o «mente». Nuestro objetivo es que nuestro corazón y nuestra mente despierten plenamente, no solo para nuestro propio bienestar más elevado, sino también para aportar beneficio, consuelo y sabiduría a otros seres vivos. ¿Puede haber alguna motivación superior a esta?

El Buda enseñó que todos nosotros, en nuestra esencia, somos buenos y amorosos. Debido a esta bondad básica, de forma natural queremos estar ahí para los demás, especialmente para aquellos que están más cerca de nosotros y para aquellos que se encuentran en mayor necesidad. Somos muy conscientes de que los demás nos necesitan, y que nuestra sociedad y el planeta en su conjunto nos necesitan, especialmente ahora. Queremos hacer lo que podamos para aliviar el miedo, la ira y la dolorosa falta de fundamento que tantos de nosotros experimentamos en estos días. Pero lo que a menudo sucede cuando tratamos de ayudar es que nos encontramos con nuestra propia confusión, y nuestras tendencias habituales se interponen en el camino. Oigo a las personas decir cosas como: «Quería ayudar a los adolescentes en situación de riesgo, así que me puse a estudiar y me formé, y me dediqué al trabajo social. Cuando llevaba dos días en el trabajo, me encontré odiando a la mayoría de los niños. Mi sentimiento inicial fue: "¿Por qué no podemos deshacernos de todos estos niños y encontrar a otros que sean más amables y cooperen conmigo?". Fue entonces cuando me di cuenta de que primero tenía que ocuparme de mi propio comportamiento».

La *bodichita*, el corazón despierto, tiene como punto de partida el deseo de liberarse de todo lo que se interpone en nuestro camino de ayudar a los demás. Anhelamos ser libres de los pensamientos confusos y los patrones habituales que cubren nuestra bondad básica, para que podamos ser menos reactivos, menos temerosos y estar menos encallados en nuestras viejas costumbres. Comprendemos que, en función de cómo podamos superar nuestras neurosis y nuestros hábitos, también podremos estar más disponibles para esos adolescentes, para los miembros de nuestra familia, para nuestra comunidad en general o para los desconocidos que nos encontremos. Puede que todavía experimentemos sentimientos y reacciones intensas en nuestro interior, pero si sabemos cómo trabajar con estas emociones sin sucumbir ante nuestros obstáculos habituales, podremos estar ahí para los demás. Y aunque no haya nada dramático que podamos hacer para ayudar, otras personas sentirán nuestro apoyo, lo que en realidad ayuda mucho.

La *bodichita* empieza con esta aspiración, pero no termina ahí. La *bodichita* es también un compromiso. Nos comprometemos a hacer todo lo que sea necesario para liberarnos completamente de todas nuestras variantes de confusión, hábitos y sufrimientos inconscientes, porque nos impiden estar plenamente ahí para los demás. En el lenguaje del budismo, nuestro compromiso final es alcanzar la «iluminación».

En esencia, esto significa conocer quiénes somos realmente. Cuando nos iluminemos, estaremos plenamente despiertos a nuestra naturaleza más profunda, que es fundamentalmente de corazón abierto, mente abierta y disposición para los demás. Sabremos que esto es cierto más allá de cualquier duda, más allá de cualquier retroceso. En este estado, poseeremos la mayor sabiduría y habilidad posibles con las que podemos beneficiar a otros y ayudarles a despertar completamente.

Para poder cumplir con el compromiso de la *bodichita*, necesitaremos aprender todo lo que hay que aprender sobre nuestro corazón y nuestra mente. Este es un trabajo enorme. Lo más probable es que esto incluya leer libros, escuchar enseñanzas y contemplar profundamente lo que estudiamos. También aprenderemos mucho sobre nosotros mismos si contamos con una práctica regular de meditación sentada básica. En la parte final del libro he incluido una técnica de meditación simple que puedes usar en cualquier lugar. Finalmente, tendremos que poner a prueba y clarificar nuestro conocimiento en desarrollo aplicándolo a nuestra propia vida, a las situaciones con las que nos encontramos de forma natural. Cuando la *bodichita* se convierte en la base de cómo vivimos cada día de nuestra vida, entonces todo lo que hacemos cobra sentido. Nos parece que nuestra existencia es increíblemente rica. Por eso tiene tanto sentido traer a la mente la *bodichita* tan a menudo como sea posible.

A veces la maravillosa motivación de la *bodichita* surge con facilidad. Pero cuando nos sentimos ansiosos o preocupados, cuando nuestro nivel de confianza es bajo, puede parecer que la *bodichita* se encuentra fuera de nuestro alcance. En esos momentos, ¿cómo podemos dar alas a nuestro corazón para generar el anhelo valiente de despertar para el beneficio de los demás? ¿Cómo podemos cambiar de forma intencionada la orientación de nuestra mente, cuando la mente misma se siente insignificante?

Mi maestro raíz Chögyam Trungpa Rimpoché me enseñó un método para transformar la mente que sigo utilizando. Lo primero que hay que hacer es recordar una imagen o una historia conmovedora, algo que te reconforta naturalmente el corazón y te pone en contacto con la situación humana. Tal vez alguien que de verdad te importa ha sido diagnosticado hace poco con un cáncer o una enfermedad degenerativa. Quizá alguien que te importa y que tiene problemas con las drogas o el alcohol, y que ha estado bien durante mucho tiempo, acaba de tener una recaída. O quizá tu querido amigo ha sufrido una gran pérdida. Quizá viste algo triste cuando fuiste al supermercado, como, por ejemplo, una interacción dolorosa entre un padre y su hijo. O piensas en la mujer sintecho que siempre ves de camino al trabajo. O tal vez te afectó algo que leíste en las noticias, como una historia sobre una hambruna o la deportación de una familia.

Trungpa Rimpoché dijo que la manera de generar la *bodichita* era «empezar con el corazón roto». Protegernos del dolor –el nuestro y el de los demás– nunca ha funcionado. Todo el mundo quiere ser libre de su sufrimiento, pero la mayoría de nosotros lo queremos hacer de una manera que solo empeora las cosas. Protegernos de la vulnerabilidad de todos los seres vivos –lo cual incluye nuestra propia vulnerabilidad– nos impide experimentar plenamente la vida. Nuestro mundo se encoge. Cuando nuestros principales objetivos son obtener comodidad y evitar la incomodidad, empezamos a sentirnos desconectados de los demás, e incluso amenazados por ellos. Nos recluimos en una malla de miedo. Y cuando muchas personas y países participan en este tipo de enfoque, el resultado es una situación global complicada con mucho dolor y conflicto.

Poner tanto esfuerzo en proteger nuestro corazón del dolor nos aflige una y otra vez. Incluso cuando nos damos cuenta de que hacerlo resulta inútil, es un hábito difícil de romper. Es una tendencia humana natural. Pero cuando generamos la *bodichita*, vamos a contracorriente de esta tendencia. En lugar de tratar de eludirlo, generamos la valentía de mirarnos directamente a nosotros mismos y al mundo. En lugar de ser intimidados por los fenómenos, llegamos a abrazar todos los aspectos de nuestra vida inagotablemente rica.

Podemos contactar con la *bodichita* simplemente permitiéndonos experimentar nuestros propios sentimientos crudos, sin ser engullidos por nuestros pensamientos e historias sobre ellos. Por ejemplo, cuando me siento sola, puedo culparme a mí misma, o puedo fantasear sobre lo bonito que sería tener a alguien con quien pasar tiempo. Pero también tengo la oportunidad de tocar ese sentimiento de soledad y descubrir que la *bodichita* se encuentra ahí, en mi corazón vulnerable. Puedo darme cuenta de que mi propia soledad no es diferente de la soledad que experimentan todas las demás personas en este planeta. Del mismo modo, mis sentimientos no deseados de ser excluida o acusada injustamente pueden conectarme con todos aquellos que están sufriendo de manera similar.

Cuando me siento avergonzada, cuando siento que soy una perdedora, cuando siento que hay algo fundamentalmente mal en mí, la *bodichita* está presente en esas emociones. Cuando he cometido un gran error, cuando he intentado hacer lo que me propuse hacer y he fracasado, cuando siento la desazón de haber defraudado a todo el mundo, en esos momentos tengo la opción de adentrarme en el corazón despierto de la *bodichita*. Si conecto plenamente con mis celos, mi enojo o mis prejuicios, me pongo en la piel de la humanidad. Desde este lugar, el anhelo de despertar para aliviar el sufrimiento del mundo aumenta de forma natural.

Hay una larga historia de personas que han logrado desvelar su bondad y valentía básicas a través de una práctica decidida. Algunas son figuras religiosas famosas, pero la mayoría no son muy conocidas, como mi amigo Jarvis Masters, que ha estado más de treinta años en una prisión de California. No siempre nos sentiremos inspirados para seguir sus ejemplos e ir sin miedo a contracorriente. Nuestra confianza sufrirá altibajos y las enseñanzas nunca nos dirán que debemos abarcar más de lo que podemos. Pero si aumentamos gradualmente nuestra capacidad de estar presentes con nuestro dolor y los sufrimientos del mundo, nos sorprenderemos de ver cómo aumenta nuestro sentido de coraje.

En nuestra práctica de cultivar un corazón roto, podemos desarrollar gradualmente la fuerza y la habilidad para asimilar cada vez más. Trungpa Rimpoché, que tenía una gran capacidad para presenciar el sufrimiento sin darle la espalda, a menudo recordaba algo que le sucedió cuando todavía estaba en el Tíbet y tenía unos ocho años. Se encontraba en el tejado de un monasterio cuando vio a un grupo de jóvenes apedreando a un cachorro hasta la muerte. Aunque estaban bastante lejos, podía ver los ojos aterrorizados del perro y oír las risas de los niños. Lo hicieron solo por diversión. Rimpoché deseaba poder hacer algo para salvar al cachorro, pero en esa situación estaba desvalido. Por el resto de su vida, todo lo que tuvo que hacer era recordar ese momento, y un fuerte deseo de aliviar el sufrimiento brotaba en su corazón. El recuerdo del perro dio a su deseo de despertar un sentido de urgencia. Esto es lo que lo impulsó, día tras día, a usar su vida de la mejor manera posible.

La mayoría de nosotros, de una forma u otra, tratamos de hacer el bien en el mundo. Esto es un resultado natural de nuestra bondad básica. Pero nuestras motivaciones positivas a menudo se mezclan con otros factores. Por ejemplo, algunas personas tratan de ser útiles porque se sienten mal consigo mismas. Esperan que el mundo les vea con buenos ojos. Con los esfuerzos que hacen, esperan mejorar su estatus respecto a los demás, lo que puede elevar su sensación de autoestima.

Considerando mi dilatada experiencia viviendo en diferentes comunidades, puedo decir que estas personas a menudo logran hacer una cantidad asombrosa de cosas. Escuchas a otros decir: «María vale lo que seis personas» u «Ojalá todos fueran como Jordan». La mayoría de las veces son los que quieres que estén en tu equipo. Pero al mismo tiempo parece que no se acercan más al despertar. Probablemente todos conocemos a alguien que dice cosas como: «Doy y doy y doy y nunca me dan las gracias». Este tipo de frustración es una señal de que los problemas subyacentes no se están resolviendo. Algunas personas trabajan duro, día y noche, en el ámbito de ayudar a los demás, pero su motivación más poderosa es mantenerse ocupados para evitar sentir su propio dolor. Algunas se guían por la idea de ser «buenos», inculcada por su familia o su cultura. Algunas están inspiradas por sentimientos de obligación o culpa. Algunas hacen el bien para no meterse en problemas. Algunas actúan impulsadas ante la perspectiva de recompensas, en esta vida o tal vez en una existencia futura. Algunas incluso están motivadas por el resentimiento, la ira o la necesidad de control.

Si examinamos con detenimiento nuestro interior, probablemente descubriremos que motivaciones como estas se mezclan con nuestro deseo genuino de ayudar a los demás. No debemos castigarnos por esto, porque todas estas motivaciones provienen de nuestra tendencia humana natural a buscar la felicidad y protegernos del dolor. Pero nos impiden estar más conectados con nuestro propio corazón y con los corazones de otras personas. Esto nos dificulta beneficiar a otros en profundidad.

Por el contrario, la motivación de la *bodichita* conduce a resultados más significativos y duraderos, porque está enraizada en la comprensión del origen del sufrimiento. En el nivel externo, existen los inmensos sufrimientos que vemos, escuchamos y que podemos experimentar de vez en cuando –la crueldad, el hambre, el miedo, el abuso y la violencia que plagan a las personas, a los animales y al planeta mismo–. Cada uno de ellos es resultado de emociones como la avaricia y la agresión, que a su vez surgen de no comprender la bondad básica de nuestra verdadera naturaleza. Dicha ignorancia se encuentra en la raíz de todo nuestro sufrimiento. Se encuentra detrás de todo lo que hacemos para dañar, tanto a nosotros mismos como a los demás. Cuando generamos la *bodichita*, nos comprometemos a superar todo aquello que oscurece nuestra sabiduría innata, y nuestra bondad y nuestro cariño, todo lo que nos separa de nuestra capacidad natural para identificarnos con los demás y beneficiarlos.

Este despertar a nuestra verdadera naturaleza no sucede de la noche a la mañana. Y a medida que empezamos a despertar y a ver que cada vez somos más capaces de ayudar a los demás, tenemos que aceptar que no siempre hay algo que podemos hacer, al menos no de forma inmediata. Sin poner excusas ni sucumbir a la indiferencia, tenemos que reconocer que las cosas son así. Innumerables personas y animales están sufriendo en este mismo momento, pero ¿cuánto podemos hacer para evitarlo? Si estamos en el tejado de un monasterio viendo cómo unos niños apedrean a un cachorro, tal vez lo único que podemos hacer en ese momento es no darnos la vuelta y permitir que la tragedia que está aconteciendo fortalezca nuestra *bodichita*. Entonces podemos mostrarnos curiosos acerca de cuál es la causa de que la gente lastime a los animales en primer lugar. En vez de ver el comportamiento de los niños como algo ajeno a nosotros, podemos buscar sus raíces dentro de nosotros mismos. ¿La agresión o la ceguera que se esconde detrás de tales acciones habita en nuestro propio corazón? Si podemos encontrar una base común cuando trabajamos de esta manera, quizá la próxima vez que nos encontremos con una situación parecida nos hallaremos en una mejor posición para comunicarnos. Y cuando despertemos completamente a nuestra verdadera naturaleza, tendremos una habilidad mucho mayor para influenciar a otros. Pero, incluso entonces, lo que podemos hacer para ayudar estará limitado por las circunstancias.

Por lo tanto, cuando generamos la *bodichita*, es importante comprender que nos involucramos en ella a largo plazo. Tendremos que aguantar durante mucho tiempo y aplicar una gran cantidad de esfuerzo y paciencia. La visión suprema de la *bodichita* es ayudar a cada ser vivo a despertar a su verdadera naturaleza. Nuestra única oportunidad de lograr esto es alcanzando primero la iluminación nosotros mismos. A lo largo del camino, podemos avanzar paso a paso, haciendo todo lo posible para mantener nuestro anhelo y nuestro compromiso durante los altibajos de nuestra vida.

Cuando leas este libro, por favor, trata de considerar el contexto más amplio de la *bodichita*. Esto será mucho más fructífero que leerlo para estimular el intelecto. Si empiezas con un corazón roto, un corazón que anhela ayudar a los demás, es posible que encuentres aquí algunas cosas que te puedas llevar contigo. De todas las palabras de este libro, puede haber un párrafo o una frase –quizá una que yo ni siquiera me di cuenta de que era demasiado importante– que resuene en ti de la manera correcta. Algo puede cambiar la forma en que ves las cosas y acercarte a que seas capaz de aliviar el sufrimiento en el mundo.

Estas enseñanzas no son solo mis propias ideas. Son mi intento de comunicar la sabiduría que he recibido de mis maestros, que la recibieron de sus maestros y así sucesivamente, en una línea de sabios que se remonta a miles de años atrás. Si te acercas a ellos con la motivación de la *bodichita*, el beneficio que ellos pueden aportar no tiene límite. Cuando estamos totalmente en contacto con el anhelo de ayudar a los demás, y cuando nuestras vidas están comprometidas con ese propósito, podemos considerarnos una de las personas más afortunadas de la tierra.

# 2. ¿Importa?

*Cuando empezamos a preguntarnos «¿importa?», nos damos cuenta de cuántos aspectos existen en cada situación. Comenzamos a apreciar cuán interconectados estamos con el resto del mundo, y cómo incluso nuestros patrones de pensamiento pueden acarrear toda una serie de consecuencias.*

A veces nos vemos a punto de hacer algo que no nos parece correcto. Estamos a punto de reaccionar de la forma habitual y sentimos un poco de duda o malestar. En esos momentos, podemos evitar muchos problemas si nos hacemos una sencilla pregunta: ¿Importa?

Por ejemplo, cuando estoy a punto de enviar un correo electrónico de contenido duro o difamatorio, ¿importa? ¿Me importa a mí? ¿Importa a los demás? Cuando estoy a punto de coger algo que no me ha sido ofrecido, ¿importa? ¿Influye en algo, aunque nadie se entere? Cuando me como el último trozo, o tiro la lata de refresco por la ventanilla, o fulmino a alguien con la mirada, ¿importa? ¿Cuáles son las consecuencias de mi comportamiento? ¿Me estoy causando daño a mí mismo o a otros? Si empiezo a despotricar de alguien, ¿importa?

Si luego me siento justificado al hacerlo, ¿importa? ¿Importa si me disculpo? ¿Qué historia se pondrá en marcha con estas palabras o con esa acción? ¿Tendrán un mayor impacto en el mundo?

Estas preguntas están estrechamente relacionadas con uno de los principales intereses del Buda: cómo llevar una vida virtuosa. Todas las tradiciones espirituales están relacionadas con la virtud, pero ¿qué significa «virtud»? ¿Es lo mismo que seguir una lista de lo que se debe y lo que no se debe hacer? ¿Una persona virtuosa tiene que ser una persona buena y bondadosa? ¿Es necesario ser dogmático, rígido y presumido? ¿O hay espacio para ser juguetón, espontáneo y relajado? ¿Es posible disfrutar de la vida al mismo tiempo que se es virtuoso?

Como muchas tradiciones espirituales, el *Dharma* tiene unas listas de acciones positivas y negativas. Se anima a los budistas a comprometerse con algunos preceptos básicos, tales como no matar, robar o mentir. Los miembros de la comunidad monástica, como yo, tenemos listas de reglas mucho más largas que seguir. Pero el Buda no estableció estas reglas simplemente para que la gente se ajustara a los códigos externos de conducta. La principal preocupación del Buda siempre fue ayudar a las personas a liberarse del sufrimiento. Tras haber comprendido que nuestro sufrimiento tiene su origen en la confusión en nuestra mente, su objetivo fue ayudarnos a despertar de dicho estado de confusión. Por lo tanto, él fomentó o desaconsejó ciertas formas de comportamiento en función de si promovían u obstaculizaban ese proceso de despertar.

Cuando nos preguntamos: «¿Importa?», primero podemos ver los resultados externos, más evidentes, de nuestras acciones. Pero después podemos examinar más profundamente cómo estamos incidiendo en nuestra propia mente: ¿Estoy cronificando un viejo hábito? ¿Estoy fortaleciendo las propensiones que me gustaría debilitar? Cuando estoy a punto de mentir para guardar las apariencias o de manipular una situación para salirme con la mía, ¿a dónde me llevará eso? ¿Voy por el camino de convertirme en una persona más deshonesta o en una persona más culpable, autodenigrante? ¿Y qué sucede cuando experimento con la práctica de la paciencia o la generosidad? ¿Cómo afectan mis acciones a mi proceso de despertar? ¿Dónde me llevarán?

Al hacernos este tipo de preguntas, empezamos a ver la «virtud» bajo una nueva luz. Tener un comportamiento virtuoso no significa hacer el «bien» porque sentimos que somos «malos» y necesitamos mejorar. En lugar de la culpa o el dogma, la forma en que elegimos actuar puede ser guiada por la sabiduría y la bondad. Visto desde esta óptica, nuestra pregunta se reduce a: «¿Qué despierta mi corazón y qué bloquea ese proceso?».

En el lenguaje del budismo, usamos la palabra «karma». Es una forma de hablar sobre el funcionamiento de causa y efecto o de acción-reacción. O, como a algunos les gusta decir, «cosechas lo que siembras». Se dice que, si queremos conocer nuestro pasado, debemos mirar nuestras circunstancias presentes, porque son el resultado de nuestras acciones pasadas. Si queremos averiguar cómo será nuestro futuro, debemos mirar lo que estamos haciendo ahora. Para mí, este último es el aspecto más útil del karma en el que pensar. No hay nada que podamos hacer para cambiar el pasado y el presente, pero el futuro no está escrito. Lo que hagamos en este momento ayudará a crear ese futuro, que no es solo nuestro propio futuro, sino un futuro que compartimos con muchos otros.

Cada palabra que decimos y cada acción que llevamos a cabo afectan nuestro futuro, pero ¿de dónde vienen las palabras y las acciones? El origen de todas ellas está en nuestra mente. Cuando nos dejamos llevar por el resentimiento, la obsesión o el pensamiento egoísta, nos estamos causando varios problemas. Primero, sufrimos el dolor inmediato provocado por esos pensamientos y emociones. Luego, a menudo actuamos de manera que nos hacemos daño a nosotros mismos y a los demás. Finalmente, reforzamos un hábito sin el cual estaríamos mejor.

Este último resultado es el más insidioso. En la ciencia del cerebro se habla mucho hoy en día sobre la neuroplasticidad. Nuestros hábitos son como surcos en el cerebro, que se hacen más y más profundos a medida que seguimos nuestros patrones de pensamiento habituales. No hay forma de salir del hábito mientras sigamos con la misma rutina. Pero cuando interrumpimos nuestro comportamiento habitual o vamos a contracorriente de nuestras propensiones, empezamos a establecer nuevas secuencias en el cerebro.

Esta visión científica es muy similar a la idea budista de las semillas kármicas. Con nuestras acciones y pensamientos, estamos sembrando continuamente semillas en nuestro inconsciente que, con el paso del tiempo, darán fruto cuando se reúnan las condiciones adecuadas. Pongamos que visitas a tu prima Monique, que siempre suele irritarte. Durante la mayor parte del tiempo que pasáis juntos, se refuerza vuestra sensación de malestar. Esto siembra nuevas semillas de irritación en tu inconsciente. Aunque no estrelles ningún vaso contra la pared, ni digas nada desagradable, estás «actuando» con tus pensamientos (por ejemplo, cuando te pasas media hora en la cama rumiando sobre la enorme lista de defectos de Monique). Después te vas a casa y no la ves durante una temporada, y tal vez dejas de pensar en ella. Pero la próxima vez que oyes su nombre, incluso cinco años más tarde, te irritas de nuevo, y otra vez refuerzas esa propensión. Sea cual sea tu reacción, esta siembra más semillas en tu mente, que darán más fruto en el futuro, y así sucesivamente.

Esta es una metáfora de por qué los patrones cíclicos habituales son tan difíciles de eludir. En este ejemplo, puede parecer que no hay demasiado en juego. Pero ¿qué sucede cuando tienes esta situación con alguien con quien vives o trabajas, como tu hijo, tu cónyuge o tu jefe? ¿Qué sucede cuando esta situación se da entre dos países? Incluso en el caso de tu prima Monique, a quien apenas ves, existen repercusiones más amplias. Por ejemplo, tu irritación puede promover malos sentimientos o causar desavenencias en la familia. Puede reforzar tu hábito general de sentirte molesto fácilmente. Puede fortalecer tu patrón de tomarte las cosas demasiado personalmente, o de enfocarte en los defectos de otras personas, o de no ser capaz de ver las cosas desde el punto de vista de otra persona. Cuando empezamos a preguntarnos «¿Importa?», nos damos cuenta de la multitud de aspectos que contiene cada situación. Comenzamos a apreciar cuán interconectados estamos con el resto del mundo, y cómo incluso nuestros patrones de pensamiento pueden acarrear toda una serie de consecuencias.

Muchos de mis maestros hablan de la necesidad de mantener *payu*. Esta palabra tibetana puede traducirse como «discernimiento», «atención», «conciencia» o «atención». Cuando entendemos que todo lo que hacemos, decimos e incluso pensamos tiene repercusiones, nos sentimos inspirados para mantener nuestro *payu* lo mejor posible. No llegaremos inmediatamente a un estado en el que nuestro *payu* esté tan bien ajustado que no se nos escape nada. Pero es de gran ayuda ser conscientes de las consecuencias kármicas y tener una idea de lo que hará que las cosas mejoren o empeoren. Eso evita que nos enredemos completamente en emociones dolorosas como la agresión o la codicia. Puede que todavía nos sintamos enfadados o seamos avariciosos, pero *payu* impide que llevemos esas emociones hasta el final, a un punto en el que hacemos un gran desastre. *Payu* nos hace más inteligentes a la hora de dirigir nuestra vida.

Nunca sabemos lo que pasará en el futuro en nuestra vida o lo que surgirá en nuestra mente. Todo lo que hacemos deja una huella en nuestra mente, que permanece latente hasta que se dan las circunstancias adecuadas (por ejemplo, la próxima vez que oigamos el nombre «Monique»). Dzigar Kongtrul Rimpoché compara esto con hacer una foto con una cámara Polaroid. Cuando la película se expone a la luz, los productos químicos del negativo reaccionan y la imagen se vuelve visible.

Hace poco tuve una experiencia interesante en este sentido. Tuve un sentimiento que no había tenido en muchas décadas, un sentimiento de rechazo, casi como si me hubieran dejado plantada. Esto fue muy importante para mí cuando era adolescente, cuando me sentía así constantemente. Nunca tuve la ropa o el cabello adecuados (básicamente, no encajaba con la descripción de «ser humano»). Pero cuando ese sentimiento volvió a aparecer, no tenía ni idea de dónde provenía. No es que me hayan abandonado últimamente, pero aun así surgió ese mismo sentimiento de soledad y abandono. Era completamente irracional, pero por alguna razón desconocida se dieron las condiciones adecuadas para que apareciera la foto Polaroid revelada. Sin embargo, a diferencia de cuando era adolescente, esta experiencia no tenía poder sobre mí. Esto se debía a que podía verlo como lo que era, en lugar de sumergirme en la experiencia y sembrar más semillas de sentimiento de rechazo.

Aunque no podemos predecir o controlar lo que vendrá en el futuro o cómo nos sentiremos, podemos hacer algo sobre la forma en que reaccionamos. Podemos trabajar en cómo nos relacionamos con lo que sea que surja. Aquí es donde entra en juego «¿importa?». La pregunta implica que siempre tenemos la opción de cómo responder. Y cuanto más tiempo tengamos *payu* en nuestra mente, más accesible será esa elección para nosotros.

Cuando ocurren eventos no deseados en nuestras vidas, es difícil escapar de nuestros patrones habituales. Tendemos a engancharnos completamente y a actuar a ciegas, sin comprensión, lo que perpetúa nuestro hábito. Otras veces, tenemos la tentación de ir detrás de algo que sabemos que será malo para nosotros (por ejemplo, un comportamiento no saludable, una relación no saludable o comida no saludable), y la atracción de nuestra propensión es demasiado fuerte. Durante cualquiera de estas situaciones desafiantes, es fácil pensar que estamos condenados a repetir nuestros patrones hasta el final de los tiempos.

Sin embargo, podemos contemplar esta situación desde una perspectiva mucho más optimista. Si nuestro objetivo es despertar para nuestro propio beneficio el y de otros seres vivos, es necesario que cambiemos. Estos tiempos llenos de desafío nos dan la mejor oportunidad para el cambio. Cada vez que nos descubrimos sucumbiendo a la rutina de una reacción habitual, tenemos la oportunidad de interrumpir el impulso y descubrir una nueva dirección y profundidad en nuestra vida.

Como dijo Trungpa Rimpoché, «Cualquier experiencia puede convertirse en un bloqueo adicional o en una forma de liberarnos». Él pone el ejemplo de bajar la vista y ver una mosca en tu pierna. Si tienes tendencia a sentirte agresivo con las moscas, puedes seguir ese sentimiento y propinarle una bofetada: matar a la mosca. Eso se convierte en un medio de bloqueo posterior; estarás sembrando más semillas de agresión e insensibilidad, que dificultan el proceso de despertar tu corazón. En cambio, incluso si fuera contrario a tu tendencia, podrías intentar tener una respuesta amistosa con la mosca. Podrías mirarla con bondad y dejarla allí, o agitar suavemente tu mano cerca de ella para que se vaya volando. Esto hace que la visita de la mosca pase de ser un acontecimiento molesto a ser una oportunidad para sembrar semillas de bondad y tolerancia, y apreciar lo sagrado de la vida. Se convierte en una pequeña forma de ser más abierto de mente y corazón, en otras palabras, de liberarse.

No estamos condenados en absoluto porque, pase lo que pase, podemos empezar, ahora mismo, a hacer las cosas lo mejor que podamos. Siempre hay algo pequeño que podemos hacer para alterar nuestra respuesta habitual, aunque sea levemente. Podría ser hacer algunas respiraciones conscientes, o dar un paso atrás por un momento, o dar una vuelta a la manzana para cambiar la energía. Podría ser cualquier cosa, siempre y cuando interrumpa el proceso de escalar nuestro sufrimiento de la misma manera habitual, una y otra vez.

No vamos a superar nuestros hábitos de la noche a la mañana. Si tienes una fuerte propensión a atiborrarte de algún alimento, será un poco complicado que puedas dejar de comerlo para siempre y a partir de hoy. ¿Qué pasa si estás en tu oficina, intentando trabajar un poco y el olor de las galletas con pepitas de chocolate se cuela por la ventana (y las galletas con pepitas de chocolate es exactamente la comida que representa tu mayor problema de comer demasiado)? ¿Cómo gestionas la situación de forma sana? ¿Debes cerrar la ventana, irte al rincón más alejado de la sala y sentarte en posición de loto hasta que creas que el olor se ha ido? Esa no es una solución realista. Por otro lado, también se puede evitar el extremo opuesto. No tienes que bajar corriendo las escaleras inmediatamente para hacerte con esas galletas. Tómate un momento o dos para quedarte donde estás y experimentar plenamente la sensación de tener un antojo de esas galletas. Este pequeño esfuerzo hará algo que afectará tus hábitos. Alterará los circuitos de tu cerebro.

Entonces, incluso si bajas y coges algunas galletas, puedes saber que has tenido éxito a la hora de cambiar ligeramente tu patrón. Si sigues aplicando este método, esos cambios aumentarán. Con el tiempo, el olor de las galletas con pepitas de chocolate no tendrá el mismo efecto arrollador en tu mente, pero eso no significa que no puedas disfrutarlas.

En efecto, sí importa lo que hacemos, decimos e incluso pensamos. Todo cuenta, todo deja una huella en nuestra mente. Pero al mismo tiempo, hay mucho espacio para que nos relajemos y apreciemos lo que la vida tiene que ofrecer. Preguntar «¿importa?» y trabajar con *payu* es un método suave, pero efectivo, para trabajar con nuestro karma y transformar gradualmente nuestra mente y sus hábitos. Si nos acostumbramos a este enfoque, nos encontraremos disfrutando de nuestra vida más que nunca porque no seremos arrastrados continuamente por nuestras propensiones autodestructivas. Por esto Buda nos anima a llevar una vida virtuosa.

# 3. Superar la polarización

*Los tiempos en que vivimos son un terreno fértil para entrenarnos en tener una mentalidad y un corazón abiertos. Si podemos aprender a aguantar esta situación de derrumbe sin polarizarnos y sin caer en actitudes fundamentalistas, entonces todo lo que hagamos hoy tendrá un efecto positivo en el futuro.*

Hay muchas maneras de hablar de los problemas de este mundo, pero, de una manera u otra, todas tienen que ver con la polarización. Todos tenemos una tendencia a dividir a las personas, las cosas y las ideas en categorías muy diferentes. De manera consciente o inconsciente, cargamos con conceptos de «nosotros» y «ellos», «correcto» e «incorrecto», «digno» e «indigno». En este marco, no existe mucho espacio para un término medio; todo está en un polo o en el otro. Cuando grupos de personas o naciones enteras se unen en torno a estos conceptos, estos pueden escalar enormemente, lo que puede ocasionar un sufrimiento a gran escala: discriminación, opresión, guerra.

Estos problemas nacionales y globales tienen sus raíces en el funcionamiento sutil de nuestra propia mente individual. Todos nosotros, en nuestra medida, experimentamos algún sentimiento de oposición en nuestro interior, entre nosotros y con el mundo que nos rodea. Nunca estamos satisfechos con nosotros mismos tal como somos, con los demás como son, con las cosas como son. A menudo, sentimos esto como una aversión a lo que estamos experimentando. No nos gusta lo que sucede y queremos deshacernos de ello. Esto puede empezar como un nivel sutil de aversión, que puede devenir en una irritación más obvia. Desde ahí esa aversión puede escalar hasta convertirse en ira y odio. Otras veces nuestro sentimiento de oposición está relacionado con el deseo o el ansia. Por ejemplo, es posible que queramos de forma desesperada un objeto o una situación porque pensamos que nos hará felices. Pero estos deseos también surgen de percibir las cosas como si estuvieran separadas de nosotros, viéndolas como «otro». En cualquier caso –ya sea aversión o deseo–, estamos atrapados en una forma de polarización. Ya sea que estemos «a favor» o «en contra», hay una falta de apertura y relajación en nuestra mente. Si nos examinamos con atención, con toda probabilidad descubriremos que esto es así la mayor parte del tiempo.

Por suerte, hay maneras efectivas de trabajar con nuestra tendencia a la polarización. Podemos empezar por hacer un poco de autorreflexión y percatarnos de la cualidad «a favor» o «en contra» de nuestros pensamientos, palabras y acciones. También podemos darnos cuenta y alegrarnos en esos momentos en los que no estamos polarizados. A lo largo del día podemos preguntarnos: ¿Estoy perpetuando mi sentido de oposición? ¿O estoy yendo en contra de esa tendencia, reduciendo la brecha entre yo y el mundo? ¿Estoy aumentando mi sentido de separación de los demás? ¿O estoy alimentando la *bodichita*, el anhelo y el compromiso de despertar para el beneficio de todos los seres vivos?

Es bastante sencillo trabajar con la polarización en el nivel de la acción física. Por ejemplo, si al entrar en mi ducha descubro que hay una araña en la bañera, tengo dos opciones principales. Podría abrir el grifo y dejar a la araña a su suerte. Esta sería una acción polarizadora porque crea una gran brecha entre nosotros y la araña. Mi aversión o indiferencia a la araña me ciega a lo que tenemos en común como seres vivos. Los dos queremos ser felices y no sufrir; los dos queremos vivir y no morir. Mi otra opción es cerrar el grifo, coger un trozo de papel higiénico y usarlo para ayudar a mi amiguita a salir del peligro. Entonces puedo pensar: «¡Apenas ha empezado el día y ya he salvado una vida!». Como dijo una vez Dzigar Kongtrul Rimpoché: «Puede que sea un pequeño acontecimiento para ti, pero es un gran acontecimiento para la araña». Pero en cierto modo también puede ser un evento importante para mí, porque nutre mi corazón que está despertando. Podemos intentar que cada día seamos más conscientes de nuestras acciones, aprovechando todas las oportunidades que encontremos para disminuir la brecha.

A veces tendremos éxito, pero otras veces fracasaremos. Incluso podemos fracasar miserablemente. ¿Qué sucede entonces? Supongamos que sientes una oposición tan fuerte contra alguien que lo empujas o lo golpeas, o algo peor. Que la situación escale de esta manera le puede pasar a cualquiera. Cuando surge la tormenta perfecta de condiciones frustrantes, no es necesario que seas una persona violenta para perder el control. ¿Qué debes hacer entonces? ¿Cuál es la mejor manera de distanciarte de tu comportamiento marcado por la polarización, y volver al camino de la *bodichita*?

Un método popular para lidiar con este tipo de acciones es sentirse culpable. Si lo que hicimos fue especialmente agresivo o hiriente, esta culpa podría durar mucho tiempo, tal vez hasta el resto de nuestra vida. Pero escondernos bajo un estado de culpa no nos ayudará a superar nuestro sentimiento de separación. No contribuirá en absoluto a que despertemos. Así que, en vez de reaccionar a lo que hicimos sintiéndonos culpables, podemos sacar el mayor partido de la situación y usar nuestra experiencia desagradable para ser más inteligentes.

Si empujaste a alguien porque te sentías enfadado, puedes empezar a cambiar las cosas simplemente reconociendo tu comportamiento hostil. Puedes permitirte ser francamente consciente de que has añadido agresividad y conflicto a nuestro planeta, que sabes que no necesita más del que ya tiene. Puedes arrepentirte por lo que hiciste, pero es importante que intentes hacer todo lo que puedas para evitar el exceso de culpa. Ser consciente de esta manera, sin castigarte, puede suponer una gran desviación de tus patrones previos de protegerte de tus comportamientos negativos reprimiéndolos o tratando de ignorarlos. Porque en este momento, tienes la oportunidad de convertir tu error en algo positivo.

Lo que acabas de hacer te permite ser consciente de la dolorosa realidad de que en todo el mundo, todos los días, la gente se empuja, se apuñala, se dispara, es cruel con los demás de muchas maneras. Todo esto sucede por ignorancia –ignorancia de nuestra interconexión entre nosotros y de nuestra propia bondad básica–. Pero ahora, en lugar de castigarte por haber perdido el control, puedes aspirar a ser más consciente de tus propias acciones hirientes, y más consciente de cuán extendidas están este tipo de acciones en el mundo. Tu acción te ha abierto los ojos a la condición humana, a lo frágiles y vulnerables que somos todos. Este pensamiento desgarrador te lleva a anhelar hacer lo que sea necesario para ayudar. Comprendes, gracias a tu experiencia, lo importante que es encontrar una manera de trabajar con tus patrones habituales, aprender a estar presente con tus emociones sin dejar que escalen y pasen a la acción. Para empezar, quieres ser plenamente consciente de cómo llegas a ese lugar extremo y polarizado. Así es como renuevas de forma natural tu compromiso de despertar para el beneficio de los demás. De esta manera, tu supuesto error puede convertirse en una fuente de *bodichita*.

La idea es que seamos cada vez más conscientes de lo que estamos haciendo, y cada vez más conscientes de que nuestras acciones tienen consecuencias. Examinar nuestro comportamiento, para averiguar si crea polarización, es una extensión de la pregunta «¿importa?». Una vez que vemos lo que está en juego –no solo para nosotros mismos, sino también para el medio ambiente que nos rodea y para el planeta en su con-

junto, que sufre tanto de polarización–, nos motivamos naturalmente para aplicar *payu*, la atención. Podemos refinar gradualmente nuestro *payu* para que esté presente en niveles más
sutiles de nuestro comportamiento, empezando por nuestras
palabras.

No he empujado a nadie en mucho tiempo, y hago todo lo
que puedo para no dañar a los animales, incluso a los insectos
y los roedores más molestos, pero el acto de hablar supone un
nivel de desafío totalmente diferente. Todos podemos apreciar
lo difícil que es no permitir que se escapen palabras dañinas
de nuestra boca. Hay tantas variedades de discursos polari-
zadores, desde insultos y mentiras groseras, hasta sutiles co-
mentarios, calumnias y chismes, y todas las demás formas que
tenemos de crear división entre las personas. A veces nuestro
discurso polarizador resulta tan familiar y aceptado entre las
personas con las que pasamos el tiempo que ni siquiera somos conscientes del daño que puede estar causando. Al igual
que con la acción física, el método para superar el discurso
polarizador es ser más consciente de lo que estamos haciendo
–sin sentirnos culpables– y usar nuestra experiencia desafor-
tunada como una forma de aumentar la *bodichita*.

Entonces llegamos al nivel más sutil de la polarización: el
nivel de nuestra mente. A diferencia de nuestras acciones y palabras, nuestros pensamientos no salen al mundo y tienen unas
repercusiones flagrantes. Pero ¿son estos pensamientos tan
insignificantes? Estamos ahí sentados, pensando de forma in-
ofensiva: «Esa se merece que le bajen los humos. Y lo que

hizo estuvo definitivamente mal. Lo sé porque pregunté a varias personas y todas están de acuerdo conmigo». Podemos pasarnos el día en una corriente de pensamientos críticos y juiciosos y no darnos cuenta de cuánta polarización estamos creando en nuestra propia mente. Los surcos en nuestro cerebro se profundizan con cada pensamiento repetitivo y forman patrones, creencias y actitudes habituales. Seamos conscientes de ello o no, estos patrones aumentan nuestra propensión a separarnos de los demás, y socavan de forma sutil y a su favor nuestro deseo de despertar. También se manifiestan de manera inevitable en nuestra forma de hablar y en nuestras acciones. Si estás constantemente juzgando a Isaías en tu mente, hay bastantes posibilidades de que finalmente averigües lo que de verdad piensas de él –y no será algo bonito–. Pero si no le encuentras el gusto a pensar con criticismo sobre Gabrielle, no habrá manera de que le hables mal cuando no hayas dormido lo suficiente. Si desarrollamos una sana cautela sobre el poder destructivo de nuestros pensamientos, tendremos muchos más incentivos para cortar de raíz nuestro pensamiento crítico. Entonces podremos sentirnos más cómodos en todas las situaciones, especialmente cuando estamos con personas que nos presionan.

La polarización es más problemática cuando deshumanizamos a las personas, cuando olvidamos que las personas a las que juzgamos, criticamos y con las que no estamos de acuerdo son en realidad tan plenamente humanas como nosotros. Esta deshumanización puede manifestarse de manera obvia, como el *apartheid*, la esclavitud, la brutalidad policial o el genocidio. Pero en la mente de todos nosotros existe un determinado nivel de este prejuicio. Si somos honestos con nosotros mismos, veremos que deshumanizamos habitualmente a los demás por muchas razones. Por ejemplo, si las personas tienen opiniones políticas que consideramos que son estrechas de miras o retrógradas, podemos tener problemas a la hora de considerar que esas personas son totalmente humanas. Si no creen en el cambio climático o en la evolución, podemos excluirlas de forma inconsciente del grupo de miembros plenamente desarrollados de la raza humana. Podemos condenar a las personas por su comportamiento, criticarlas porque fuman, beben o usan lo que consideramos ropa de mal gusto. Incluso estas pequeñas diferencias en nuestros hábitos y preferencias pueden hacer que nos sintamos fundamentalmente separados de los demás.

Si nos comprometemos a ser conscientes de nuestra tendencia a polarizarnos y a contrarrestarla despertando la *bodichita*, poco a poco iremos cerrando estas brechas. Entonces podremos ver a todas las personas como seres humanos que quieren ser felices como nosotros. Esto incluye no solo a los que niegan el cambio climático o a las personas que fuman, sino también a aquellos insensibles que de forma despiadada causan sufrimiento a otros, como los perpetradores de crímenes de odio, los ávidos jefes de corporaciones, los depredadores sexuales y los delincuentes que se aprovechan de las personas de la tercera edad.

Hay una práctica que me gusta que se llama «igual que yo». Vas a un lugar público, te sientas y miras a tu alrededor. Los atascos de tráfico son muy buenos para esto. Te concentras en una persona y te dices a ti mismo cosas como «Igual que yo, esta persona no quiere sentirse incómoda. Igual que yo, esta persona pierde el control. Igual que yo, esta persona no quiere que le caiga mal. Igual que yo, esta persona quiere tener amigos e intimidad».

No podemos presumir de saber exactamente lo que otra persona está sintiendo y pensando, pero aun así sabemos mucho sobre los demás. Sabemos que las personas quieren que se las cuide y no quieren ser odiadas. Sabemos que la mayoría de nosotros somos duros con nosotros mismos, somos conscientes de que a menudo algo nos activa emocionalmente, y que de alguna manera queremos ser de ayuda. Sabemos que, en el nivel más básico, todo ser vivo desea la felicidad y no quiere sufrir.

Si consideramos a los demás desde la perspectiva de «igual que yo», contamos con una base sólida para conectar con ellos, incluso en situaciones en las que caer en la polarización parece más natural y razonable. Incluso cuando los grupos religiosos extremos decapitan a la gente o un pistolero racista asesina a personas que rezan en la iglesia, hay espacio para sentir nuestra conexión con los perpetradores en lugar de deshumanizarlos.

La madre de James Foley, uno de los periodistas decapitados por ISIS, dijo del verdugo de su hijo: «Tenemos que perdonarlo por no tener ni idea de lo que estaba haciendo». Este nivel de compasión solo puede ocurrir cuando tenemos un sentido de la complejidad de lo que hace que la gente llegue al punto de cometer tales crímenes. Los que creen en la violencia están desesperados por tener algún tipo de suelo bajo sus pies, desesperados por escapar de sus sentimientos desagradables, desesperados por ser los que tienen razón. ¿Qué haríamos nosotros si nos sintiéramos tan desesperados?

Tener compasión por aquellos que nos han hecho daño –y especialmente por aquellos que se han llevado a nuestros seres queridos– no es fácil. No deberíamos sentir que hay algo mal en nosotros si no sentimos actualmente este grado de comprensión y empatía. De hecho, es bastante excepcional sentirse así. Como precursor de este nivel de empatía, la tristeza –la simple tristeza– es a menudo más accesible. Por ejemplo, en este caso de violencia cometida por militantes extremos, podemos aprovechar el profundo dolor por la situación en todo su conjunto. Sumado a nuestra tristeza por las víctimas, también podemos sentir la tristeza de que los jóvenes alberguen tanto odio, la tristeza de que estén atrapados en un patrón de odio. Como las cosas tienen causas tan complejas y de tan largo alcance, podemos sentir tristeza por las circunstancias en las que la ignorancia o el sufrimiento en el pasado crearon el odio que se está manifestando en estos jóvenes ahora. Podemos aprovechar este dolor que lo abarca todo para despertar el sentimiento de tener un corazón roto que nutre a la *bodichita*.

Tener compasión no significa que no podamos adoptar una postura. Es importante hablar cuando hemos sido dañados, cuando vemos a otros siendo lastimados, y cuando observamos o experimentamos ejemplos de abuso de poder. Es igualmente importante escuchar con atención y sin juicios cuando las personas hablan de sus experiencias y de su sufrimiento. Lo que ha sido disfuncional necesita ser tratado abiertamente.

Vivimos en un tiempo en el que los viejos sistemas e ideas están siendo cuestionados y se están desmoronando, y existe una gran oportunidad para que surja algo nuevo. No tengo ni idea de lo que será, ni de los prejuicios sobre cómo deberían resultar las cosas, pero sí tengo la fuerte convicción de que el tiempo en el que vivimos es un terreno fértil para entrenarnos en tener la mente y el corazón abiertos. Si podemos aprender a mantener esta separación sin polarizarnos y sin caer en actitudes fundamentalistas, entonces cualquier cosa que hagamos hoy tendrá un efecto positivo en el futuro.

Trabajar con la polarización y la deshumanización no terminará inmediatamente con la ignorancia, la violencia y el odio que afligen a este mundo. Pero cada vez que nos descubrimos polarizando con nuestros pensamientos, palabras o acciones, y cada vez que hacemos algo para cerrar esa brecha, estamos inyectando un poco de *bodichita* en nuestros patrones habituales. Estamos profundizando nuestra apreciación por nuestra interconexión con todos los demás. Estamos empoderando la curación, en lugar de interponernos en su camino. Y debido a esta interconexión, cuando cambiamos nuestros propios patrones, ayudamos a cambiar los patrones de nuestra cultura como un todo. Los resultados no son visibles de inmediato. Probablemente no notarás grandes cambios en solo una semana o incluso un año. Pero, por favor, no te rindas tan fácilmente y pienses: «Esta *bodichita* no sirve para mí. Voy a buscar algo donde los resultados sean más inmediatos y tangibles». Créeme cuando te digo que tu paciencia valdrá la pena. Si te comprometes a superar la polarización en tu propia mente, esto cambiará tu vida, y también ayudará al mundo.

# 4. El bello arte del fracaso

*Si podemos ir más allá de la culpa y otras formas de escape y simplemente nos permitimos sentir la cualidad de la carne cruda y sangrante de nuestra vulnerabilidad, podemos adentrarnos en un espacio en el que sale a la luz la mejor parte de nosotros.*

Nuestro hábito humano natural es esperar continuamente una vida de felicidad y placer. Siempre buscamos la manera de no sentir nada que sea desagradable. Pero solo podemos embarcarnos de todo corazón en un camino espiritual genuino cuando empezamos a tener la inquietante sensación de que este sueño nunca se hará realidad. A menos que tengamos algún indicio de esta realidad, será difícil para nosotros abrirnos a la totalidad de la vida. Por el contrario, seguiremos con los hábitos que nos mantienen encallados en la ansiedad y la insatisfacción repetitiva, de generación en generación a través del tiempo.

El Buda habló largo y tendido sobre la importancia de trabajar con el ego. Pero ¿qué quiso decir con «ego»? Se puede hablar sobre esta palabra de diferentes maneras, pero una definición que me gusta especialmente es «lo que se resiste a lo que hay». El ego lucha contra la realidad, contra la indefinición y el movimiento natural de la vida. Se siente muy incómodo con la vulnerabilidad y la ambigüedad, sin estar seguro de cómo determinar las cosas.

Hace unos años me pidieron que diera un discurso de graduación en la Universidad Naropa.* Pensé mucho en lo que podría decir a un grupo de personas que estaban a punto de salir al mundo, donde no tenían ni idea de lo que pasaría. Por supuesto, ninguno de nosotros sabe lo que va a suceder, pero graduarse de la universidad puede ser una transición especialmente difícil. Durante unos años, tienes tu campus habitual, tu estilo de vida estudiantil y tus rutinas. Entonces, de repente, las cosas dejan de ser lo que eran y tu vida se abre de par en par.

Pensé en cómo en la educación se hace mucho hincapié en el éxito, pero muy poco en el fracaso. Así que decidí hablar sobre el bello arte del fracaso. Como les dije a los estudiantes, aprender a fracasar nos ayudará más que nada en la vida: en los próximos seis meses, el próximo año, los próximos diez años, los próximos veinte años, mientras vivamos, hasta que caigamos muertos.

Cuando fracasamos –en otras palabras, cuando las cosas no salen como queremos–, sentimos nuestra vulnerabilidad de una manera cruda y poderosa. Nuestro ego, que no se encuentra cómodo con eso, intenta escapar de esa crudeza. Uno de los métodos más comunes es culpar de nuestro fracaso a algo que

---

* Para el texto completo de este discurso, véase Pema Chödrön, *Fail, Fail Again, Fail Better* (Louisville, CO: Sounds True, 2015).

se encuentra fuera de nosotros. Nuestra relación no funciona, así que culpamos a la otra persona –o quizá a todo su género–. No podemos encontrar un trabajo, así que culpamos a nuestros posibles jefes, o a la sociedad en su conjunto, o a la situación política actual. El otro enfoque habitual es sentirnos mal con nosotros mismos y tacharnos de fracasados. Sea como sea, a menudo terminamos sintiendo que hay algo fundamentalmente mal en nosotros.

Hay una tercera manera, sin embargo, que es entrenarnos a simplemente sentir lo que sentimos. Me gusta llamar a esto «sostener la crudeza de la vulnerabilidad en nuestro corazón». Cuando nos resistimos o intentamos escapar de «lo que hay», suele haber algún tipo de signo físico: un estrechamiento o una contracción en algún lugar del cuerpo. Cuando sientas este signo de resistencia, comprueba si puedes mantener la sensación de incomodidad por un momento, el tiempo suficiente para que tu sistema nervioso comience a acostumbrarse a ella.

Trungpa Rimpoché dijo una vez que no tenemos la suficiente paciencia para permanecer con los sentimientos incómodos ni siquiera durante tres minutos. Cuando escuché eso, pensé: «¡Tres minutos! ¡Eso bastaría para ganar un premio!». Para la mayoría de nosotros hoy en día, ¡soportar una incomodidad de hasta tres segundos resulta una tarea complicada! Pero cualquiera que sea la cantidad de tiempo, la idea es seguir aumentándolo gradualmente, a tu ritmo. Sigue permitiéndote aguantar un poco más de tiempo.

Es posible que tengas una idea fija de lo que estás experimentando, como pavor, enojo o decepción. Pero cuando te permites estar presente con el sentimiento y lo experimentas directamente, te das cuenta de que no puedes definirlo con tanta facilidad. Ese «terror» o «enojo» se transforma y cambia sin parar. A pesar de que el desagrado de esa sensación te persigue, a pesar de que parece muy amenazante, cuando la examinas con atención, descubres que en realidad no puedes encontrar en ella algo sustancial.

El ego quiere resolución, quiere controlar la impermanencia, quiere algo seguro y firme a lo que aferrarse. Congela lo que es realmente fluido, se aferra a lo que está en movimiento, trata de escapar de la bella verdad de la naturaleza plenamente viva de todo lo que existe. Como resultado, nos sentimos insatisfechos, perseguidos, amenazados. Pasamos gran parte de nuestro tiempo en una jaula construida por nuestro propio miedo a la incomodidad.

La alternativa a esta lucha es entrenarse para mantener la crudeza de la vulnerabilidad en nuestro corazón. A través de esta práctica, con el tiempo podemos acostumbrar nuestro sistema nervioso a relajarnos con la verdad, a relajarnos con la naturaleza impermanente e incontrolable de las cosas. Podemos incrementar poco a poco nuestra capacidad de expandirnos en lugar de contraernos, de soltar en lugar de aferrarnos.

Cada vez que hacemos la práctica de sostener la crudeza de la vulnerabilidad en nuestro corazón, obtenemos una pequeña visión de cómo son las cosas en realidad. Experimentamos directamente cómo nada permanece igual, ni siquiera por un instante. No podemos hacer que nada se detenga, aunque lo intentemos. Lo que vemos, oímos, olemos, probamos, tocamos y pensamos está cambiando constantemente. Incluso nuestras emociones más pesadas y desagradables no tienen solidez en esos términos.

Hay un vídeo musical de la canción *Pretty Hurts* de Beyoncé donde ella capta perfectamente lo que es sentirse un fracasado. Su sentimiento es muy crudo, y lo evoca muy bien en la canción. Te das cuenta de que, a pesar de que ella es un éxito rotundo y todo va como ella quiere, no podría haber hecho el vídeo a menos que tuviera alguna experiencia real de lo que se siente al fracasar. Cuando somos capaces de sostener la crudeza de la vulnerabilidad en nuestro corazón, podemos usar esa energía para crear poesía, escritura, danza, música, canciones. Podemos hacer de ella algo que conmueva y se comunique con otras personas. Los artistas han hecho esto desde el principio de los tiempos.

Si nos cerramos a nuestros sentimientos desagradables sin conciencia ni curiosidad, si siempre nos enmascaramos o tratamos de hacer que nuestra vulnerabilidad desaparezca, de ese espacio salen adicciones de todo tipo. De ese espacio nacen la agresión, los golpes, la violencia contra los demás, todas las cosas desagradables. En cambio, si podemos ir más allá de la culpa y otras formas de escape y simplemente nos permitimos sentir la cualidad de la carne cruda y sangrante de nuestra vulnerabilidad, podemos adentrarnos en un espacio en el que sale a la luz la mejor parte de nosotros. Nuestra valentía, nuestra amabilidad, nuestra capacidad de preocuparnos por los demás y de llegar a ellos –todas nuestras mejores cualidades humanas– surgen de ese espacio.

Todos tenemos un enorme potencial y, sin embargo, permanecemos encerrados en un mundo muy pequeño y temeroso, cimentado sobre el deseo de evitar lo desagradable, lo doloroso, lo inseguro, lo impredecible. Existe una riqueza inmensa e ilimitada y una enorme maravilla que podríamos experimentar si acostumbráramos por completo nuestros sistemas nerviosos a la realidad abierta e incierta de cómo son las cosas.

Como dijo Trungpa Rimpoché: «Existen sonidos que nunca has oído, olores que nunca has olido, visiones que nunca has visto, pensamientos que nunca has tenido. El mundo está asombrosamente lleno de potencial para abrirse cada vez más y más, para experimentarlo de forma cada vez más amplia». Cuando aprendamos a sostener la crudeza de la vulnerabilidad en nuestro corazón, seremos capaces de experimentar nuestra mente y nuestro corazón como si fueran tan vastos como el universo.

# 5. El camino de no rechazar

*Solo cuando aprendamos a abrazar plenamente todos los aspectos de nosotros mismos –incluso los elementos que parecen más negativos de nuestra mente y nuestro corazón– aprenderemos a abrazar plenamente a los demás. Solo cuando descubrimos la bondad básica tanto en nuestro loto como en nuestro barro, llegamos a ver la bondad básica de todos los seres vivos.*

En las enseñanzas budistas, a menudo hallamos la analogía del loto y el barro. El loto echa raíces en el barro. Se eleva a través del agua fangosa hasta traspasar la superficie y florece como una hermosa flor que deleita a todos los que la ven. El loto representa la belleza y la pureza de nuestra naturaleza fundamental –en otras palabras, nuestra bondad básica–. ¿Y qué hay de ese barro pegajoso y desagradable? Simboliza todo lo negativo que hay dentro de nosotros, todo lo que nos gustaría superar: nuestra confusión, nuestros hábitos autodestructivos, nuestra tendencia a escudarnos tras una mente polarizada y un corazón cerrado. Cuando trabajamos con estas negatividades y las superamos, descubrimos nuestra bondad básica y alcanzamos nuestro pleno potencial como seres humanos.

Pero aunque esta profunda analogía ha ayudado a muchas personas a lo largo de los tiempos, puede malinterpretarse fácilmente si creemos que contiene un elemento de rechazo. Podemos pensar que el objetivo es rechazar la parte de nosotros que se simboliza con el barro, en favor de la parte representada por el loto. Podemos esperar deshacernos de todo lo repulsivo y quedarnos solo con lo que consideramos bello. Pero este enfoque solo intensificará nuestra lucha contra nosotros mismos y añadirá otra capa a nuestros conflictos emocionales internos. Y dificultará nuestra práctica de *bodichita* porque impedirá que conectemos con el predicamento humano universal.

A lo largo de los años, mis maestros me han ayudado a abordar este tema de una manera más refinada. Una frase que me gusta mucho, que proviene de Anam Thubten Rimpoché, es «el camino de no rechazar». Como escribió en una carta a sus alumnos hace unos años, «las enseñanzas de sabiduría nos dicen que no rechacemos nada de nosotros mismos y que abracemos todos los aspectos como si fueran iguales. El oro es lo mismo que el polvo. El loto es parte del barro».

Cuando experimentamos sentimientos dolorosos, desagradables, duros o embarazosos de cualquier tipo, por lo general tendemos a aumentar la emoción o a reprimirla. Esto sucede a menudo sin darnos cuenta de lo que estamos haciendo. Cuando somos más conscientes de lo que sucede en nuestra mente, podemos pensar que debemos luchar contra nuestros viejos hábitos y emociones que se encuentran fuera de control. Podemos reaccionar en función de ideas de «bueno» y «malo», «digno» e «indigno». Pero las enseñanzas nos animan a ir más allá de estos juicios limitantes, caracterizados por la polarización y a menudo erróneos, y a no ponernos en contra de ninguna parte de nosotros mismos. En cambio, podemos adoptar una actitud que, desde un punto de vista convencional, es bastante radical: podemos reconocer todas las cosas que consideramos negativas de nosotros y abrazarlas como lo haríamos con nuestras llamadas «cualidades positivas».

Esto puede parecer una idea atrevida y emocionante, pero ¿cómo la ponemos en práctica? ¿Cómo adoptar esta actitud contraintuitiva cuando nuestras emociones y neurosis impactan contra nosotros con fuerza, de la manera dolorosa y no teórica en que lo hacen? He aprendido algunos métodos efectivos, dos de los cuales voy a compartir aquí.

El primer método se basa en una enseñanza de Tulku Thondup Rimpoché. Cuando surge algún sentimiento no deseado, el primer paso es sentirlo tan plenamente como sea posible en ese momento. En otras palabras, sostén la crudeza de la vulnerabilidad en tu corazón. Respira con ella, deja que te toque, que te habite –ábrete a ella tan plenamente como puedas en ese instante–. Luego haz que ese sentimiento sea aún más fuerte, aún más intenso. Hazlo de cualquier manera que sea útil para ti –de cualquier manera que haga que el sentimiento sea más fuerte y sólido–. Hazlo hasta que el sentimiento se vuelva tan pesado que puedas sostenerlo en tu mano. En ese momento, agarra el sentimiento. Y luego simplemente suéltalo. Deja que flote donde sea, como si fuera un globo, en cualquier parte del vasto reino del espacio vacuo. Déjalo flotar fuera y hacia el universo, dispersándose en partículas cada vez más pequeñas, las cuales se vuelven inconcebiblemente pequeñas y distantes.

Esto no es una práctica para deshacernos del barro, sino una forma de poner en perspectiva nuestras emociones, así como nuestros pensamientos y problemas –cualquiera de las «cosas malas» que normalmente no queremos–. En lugar de intensificar, reprimir o rechazar, nos ponemos en contacto de forma intencionada con el sentimiento, nos valemos de él, lo avivamos y luego permitimos que entre en un nuevo contexto: el vasto espacio del universo que todo lo acomoda. He encontrado que este método es especialmente útil y accesible cuando estoy enganchada a algo, y mis emociones parecen muy reales y sólidas.

El segundo método es el *tonglen*, que en tibetano significa «enviar y tomar». Con esta práctica radical, invertimos nuestras tendencias habituales de aferrarnos al placer y rechazar el dolor, de aferrarnos a la comodidad y rechazar la incomodidad; en otras palabras, de aferrarnos a lo que queremos y rechazar lo que no queremos. Estas tendencias, que en gran medida están cimentadas sobre el miedo y la confusión, son las que nos impiden despertar plenamente a nuestra naturaleza básicamente buena. También son los principales obstáculos para nuestra capacidad de estar ahí para los demás y ayudarles también a despertar.

Aquí voy a dar una visión general de la práctica y de la actitud que la acompaña. (Puedes encontrar instrucciones paso a paso sobre la mecánica de la práctica de *tonglen* en la sección de prácticas al final de este libro.) Cuando practicamos *tonglen*, coordinamos nuestra mente con nuestra respiración. Con cada exhalación, enviamos; con cada inhalación, tomamos. Comenzaré con el aspecto de tomar, que tiene una conexión más obvia con el tema del no rechazar. En cada inhalación, imagina que inspiras las cosas desagradables que normalmente rechazarías. Si sientes miedo y no quieres experimentar esta sensación –la ansiedad nerviosa, acelerada y angustiosa–, en lugar de hacer algo rápidamente para deshacerte de ella, la inspiras. En lugar de reaccionar contra ella, la acoges con satisfacción y te abres a ella. La respiras llevándola a tu corazón, y a medida que sigues absorbiéndola en cada inhalación, imagina la sensación de que tu corazón se expande cada vez más –llegando a ser tan amplio como sea necesario para que se relaje completamente ante esas sensaciones–. También puedes llevarla a todo tu cuerpo, imaginando que tu cuerpo es un espacio abierto, un espacio capaz de acomodar cualquier sentimiento, incluso los más intensos.

Como dijo una vez Trungpa Rimpoché: «Es como si fueras el cielo, permitiendo que todas las nubes pasen a través de ti, sin rechazar nada de lo que surja en ese espacio». Me gustan este tipo de imágenes porque muestran que el *tonglen* es más un arte que una ciencia exacta. Es más como la poesía o pintar con los dedos. Encuentras tu camino usando tu corazón.

Comienzas respirando algo que estás sintiendo personalmente, pero luego amplías tu alcance para incluir a todas las personas que están sintiendo lo mismo. El objetivo es cultivar la actitud valerosa de estar dispuesto a tomarlo para todos.

A veces podemos dudar con esta parte de la práctica porque tenemos miedo de lo que estamos respirando. Es posible que nos encontremos respirando de forma superficial, como si estuviéramos preocupados por contagiarnos de algo. Si hacemos *tonglen* para alguien con una enfermedad, podemos temer que esto pueda hacer que contraigamos la dolencia. Pero *tonglen* no nos infecta con nuevas formas de sufrimiento que no estén ya dentro de nosotros. Más bien, sana nuestro propio dolor al conectarnos con la experiencia universal de estar vivos. Va mucho más allá de las condiciones específicas. En la medida en que podemos abrirnos a nuestra propia incomodidad, podemos abrirnos también a la de los demás, y viceversa. Esto es así porque en realidad no hay ninguna diferencia entre nuestro dolor y el de los otros. El miedo es miedo. La tristeza es tristeza. La ira es ira. La ansiedad es ansiedad. Ya sea que los llamemos «mío» o «tuyo», son más bien cualidades flotantes que todos compartimos. Cuando respiras «tu» ansiedad, te abres a la ansiedad como un todo –la suma total de la ansiedad en este mundo–. Puedes respirarla, relajarte con ella, hacer amistad con ella –y así liberarte de ella–. Y, al mismo tiempo, puedes pedir el deseo de que todos los demás seres también estén libres de su propia ansiedad.

A veces, cuanto peor nos sentimos, más profunda es nuestra práctica de *tonglen*. Cuando experimentamos de forma aguda las emociones dolorosas, entendemos con más claridad por lo que están pasando tantas otras personas. Esta comprensión intensifica nuestra compasión. Hace que queramos eliminar el dolor de los demás tanto como queremos eliminar el nuestro. Le da sentido a nuestra vida.

Cuanta más compasión tenemos hacia los otros, más podemos sentir y disfrutar de nuestra bondad básica. Por esta razón, las experiencias adversas –si sabemos cómo afrontarlas sin rechazo– son el medio más poderoso con el que podemos despertar.

Por eso me gusta decir que el mal karma es nuestra gran oportunidad. El aspecto de «enviar» que tiene el *tonglen* procede de otro ángulo, pero también fomenta este sentimiento de apertura y conexión con la experiencia de los demás. Cada vez que exhalamos, imaginamos que enviamos a otros seres todas las cosas beneficiosas y placenteras que normalmente deseamos para nosotros mismos. A veces se puede ser muy concreto. Por ejemplo, si estás pensando en una persona sintecho, puedes exhalar comida y refugio. O puedes enviar otras cualidades universales que todo el mundo podría utilizar, como la bondad, el bienestar, la relajación y el afecto –así es como suelo abordar la práctica–. En el caso de las personas sintecho, puedo enviarles el sentimiento de ser amadas porque sé lo importante que es para la gente sentirse querida, especialmente cuando son marginadas por la sociedad.

El aspecto de «enviar» del *tonglen* enriquece nuestras vidas de dos maneras. Por un lado, nos ayuda a aumentar nuestra compasión y cariño por los demás. Por el otro, nos ayuda a dejar atrás la tendencia a aferrarnos a lo que nos gusta de for-

ma poco realista y dolorosa. Cuando es un hermoso día soleado y los pájaros cantan, y todo el mundo nos sonríe, tendemos
a aferrarnos a esas sensaciones agradables. Queremos que esta
experiencia o situación dure el mayor tiempo posible, y sentimos una aversión natural a cualquier cosa que la amenace. Esta
autoprotección es una señal de que bajo la alegría se esconde
un elemento de miedo sutil.

Podemos hacer un mejor uso de nuestra buena suerte –y dis-
frutarla aún más de todo corazón– incorporándola al *tonglen*.
Podemos compartir mentalmente con los demás la buena sa-
lud, una comida deliciosa, un clima placentero, un momento
de calidez con la familia, una sensación de logro o reconocimiento, una sensación de paz interior –cuando cualquiera de las
experiencias agradables que todo el mundo desea llega a nuestro camino–. Podemos desear que ellos disfruten de estos pla-
ceres tanto como nosotros, o incluso más.

Los dos aspectos de enviar y tomar se refuerzan y se apoyan
mutuamente, por lo que lo más efectivo es alternarlos, depen-
diendo de cada respiración. Cuando inhalamos y nos abrimos
a nuestros propios sentimientos no deseados y a los de los demás –cuando abrazamos lo no deseado–, descubrimos una mayor amplitud en nuestro corazón y nuestra mente. Nos sentimos aliviados por no estar batallando contra cada experiencia
desagradable que surge. Cuando exhalamos, podemos enviar
esta espaciosidad y este alivio a otros que también están batallando contra sus sensaciones. Cualquier libertad interior y satisfacción que hayamos obtenido a través de nuestra práctica

de no rechazar, podemos ofrecerla a todas las demás personas y seres vivos que necesitan estas cualidades tanto como nosotros. Podemos hacer que nuestra bondad básica irradie desde todo nuestro cuerpo, enviándola a más y más seres –a través de países, continentes y mundos–, hasta que impregne todo el espacio.

Estas prácticas de no rechazar son medios poderosos para nutrir nuestra *bodichita* y superar la polarización. Solo cuando aprendamos a abrazar plenamente todos los aspectos de nosotros mismos –incluso los elementos que parecen más negativos de nuestra mente y nuestro corazón–, aprenderemos a abrazar plenamente a los demás. Solo cuando descubrimos la bondad básica tanto en nuestro loto como en nuestro barro, llegamos a ver la bondad básica de todos los seres vivos.

# 6. Tal como es

*La maravillosa ironía de este viaje espiritual es que nos encontramos con que solo nos conduce a ser tal como somos. El estado sublime de la iluminación no es más que el conocimiento pleno de nosotros mismos y de nuestro mundo, tal como somos.*

Todos tenemos momentos en que apreciamos –tal como es– lo que vemos, saboreamos u olfateamos. Nos relajamos y de sopetón aceptamos nuestra experiencia sin querer que nada sea más o menos diferente. Creemos que todo, al menos en ese momento, está completo.

Cuando nuestra mente está abierta y fresca, vemos belleza en todas partes, incluso dentro de nosotros mismos. Hay una sensación de saborear la singularidad de cada momento. Las cosas nunca han sido como son ahora. Tampoco volverán a ser así de nuevo. Estamos en sintonía con la transitoriedad del mundo, con su conmovedora y profunda riqueza.

La idea de apreciar las cosas tal como son es simple y accesible, pero también es muy profunda. Es la clave para sentirse afectuoso y amoroso con los demás y con nosotros mismos. Esta capacidad de abrirse, de experimentar las cosas de forma fresca, siempre está presente en nuestra mente. Puede que no la sintamos todo el tiempo, pero está esperando en el fondo. La pregunta entonces es cómo descubrir esta habilidad, cómo contactar con ella, cómo nutrirla. ¿Cómo podemos aprender a tener durante más tiempo este estado de ánimo? ¿Cómo podemos ganar confianza en la completitud de «tal como es»?

El primer paso es darse cuenta de la importancia de cómo elegimos orientar nuestra mente. Podemos encontrarnos con que habitualmente ponemos el foco sobre lo incompleto. Tenemos pensamientos como: «Soy indigno, me falta algo, el mundo está lleno de problemas». Con esta perspectiva, veremos imperfección dondequiera que miremos y siempre nos sentiremos insatisfechos.

Para empezar a sanar esta orientación negativa, un enfoque sencillo es practicar tomando nota de lo que apreciamos. Podemos anotar incluso las cosas más ordinarias, como la forma en que la luz incide en la cara de alguien o se refleja en el lateral de un edificio. Puede ser el sabor de tu almuerzo ordinario, con sus diferentes tonos de dulce, salado, agrio o amargo. Podría ser una pieza de música, una pintura o la forma en que alguien se mueve. Podría ser una voz que se oye. Tal vez un desconocido acaba de abrir la boca y descubres para tu sorpresa que tiene un hermoso acento. Apreciar a las personas y las cosas de esta manera no requiere un gran esfuerzo, pero nos reconforta el corazón y nos hace que nos sintamos conectados con el mundo. Es mucho más agradable que

coleccionar quejas de la mañana a la noche, lo cual puede suceder fácilmente si nos dejamos llevar por el impulso de nuestros hábitos.

También podemos hacer un esfuerzo por apreciar todo lo
que tenemos. En mi caso, ahora que tengo ochenta años, podría estar quejándome de mi dolor físico, de mis arrugas, de
mis problemas dentales –se me ocurren todo tipo de cosas–.
¡Y a veces me quejo! Pero si mi práctica es apreciar, puedo
pensar en cómo puedo seguir dando largos paseos. Mi herma-
na mayor, que solía ser una gran excursionista, tiene los pies
artríticos y ya no puede caminar mucho. Tiene un espíritu positivo, así que no se queja. Pero su artritis hace que sea consciente, cada vez que salgo a caminar, de lo agradecida que
estoy por mis piernas, pies y caderas. Qué maravilloso que fun-
cionen, y que pueda recargarme y vigorizarme con mis cami-
natas, en lugar de terminar con tanto dolor como para no querer hacerlo más.

Podemos perder estas habilidades en cualquier momento.
No obstante, todavía conservo mi vista y, aunque no es lo que
solía ser, y necesito gafas para leer, aún puedo experimentar
todos los colores del arco iris. Puedo ver el cambio de estaciones, el rocío en las hojas, el viento soplando entre los árboles.
Y mi oído sigue siendo bastante bueno. Uno de mis amigos ha
perdido la mayor parte de su audición, hasta el punto de que
los audífonos no le ayudan lo suficiente. Un día, puso su mano
sobre la mía y dijo: «Daría lo que fuera por poder sentarme a
escuchar a los pájaros». Y pensé, yo puedo escuchar a los pá-

jaros. Realmente necesito enfocar esa habilidad y apreciarla mientras la tengo.

Otra práctica en este contexto, con la que solía experimentar con frecuencia, es prestar especial atención a los desconocidos que te encuentras en la vida diaria. Una de las primeras veces que lo intenté fue con una cajera del banco. Mientras hacía sus cálculos, me esforcé por verla como un ser humano vivo. De forma milagrosa, esta cajera anónima, cuya única función, al parecer, era contar mi dinero, comenzó a convertirse en una mujer que tenía una vida, un trabajo, amigos, actividades, gustos y aversiones. Reparé en su ropa, su pelo, la forma en que movía las manos. Me imaginé lo que hizo antes de venir a trabajar ese día: cómo eligió su ropa, cómo se maquilló y, justo antes de salir de casa, tomó la decisión espontánea de ponerse los pendientes que su amiga le había regalado hacía poco. Este ejercicio trajo consigo una sensación de empatía sin artificios hacia esta mujer anónima. Me sentí cariñosa con ella simplemente porque era un ser humano con una vida.

Cuando hacemos un esfuerzo para prestar atención a los demás y usar nuestra imaginación de esta manera, empezamos a sentir lo mismo con todas las personas. Todos nosotros somos el centro de nuestro propio universo, y a la vez somos personas anónimas que otros ni siquiera ven. Todos tenemos una vida plena con nuestras propias versiones de alegría y tristeza, esperanza y miedo. Si nos tomamos un tiempo para apreciar a los demás de esta manera, los desconocidos que encontramos se convierten en espejos que nos muestran nuestra propia humanidad y vulnerabilidad. Entonces podemos convertir la calidez natural que surge hacia los demás en una calidez natural hacia nosotros mismos.

Podemos sentir esta calidez no solo hacia las cosas que nos gustan de nosotros mismos, sino también por lo que tiende a molestarnos o disgustarnos con nosotros mismos. Nuestros malos hábitos, nuestros miedos, nuestro pensamiento agobiante de que hay algo que está fundamentalmente mal en nosotros –cualquier neurosis temporal o crónica que estemos atravesando– son solo una parte de lo que somos, al menos por el momento. Podemos dejar espacio para que estos pensamientos y emociones incómodos estén ahí, sin rechazarlos, pero tampoco haciéndolos nuestros. Con esta actitud libre de juicio, podemos desarrollar una apreciación genuina hacia nosotros mismos, tal como somos. Esto nos ayudará a conocer y a confiar en nuestra bondad básica, que es completa; no carece de nada.

Hablar de apreciar el mundo «tal como es» y a nosotros mismos «tal como somos» es otra forma de hablar del camino del no rechazar. A medida que caminamos por este camino, podemos realizar prácticas activas como enviar y tomar. Pero otras veces podemos experimentar con un enfoque más simple. Podemos intentar sentarnos con todo –nuestros pensamientos, nuestros sentimientos, nuestras percepciones– y dejar que todo sea tal como es.

En su enseñanza sobre el loto y el barro, Anam Thubten dice: «Todos los defectos que existen forman parte de nosotros. Comienzan a sanar por sí mismos cuando los aceptamos como son. Podemos usarlos como fertilizantes para nuestro crecimiento interior. Reconocerlos sin negarlos o hacer maniobras en torno a ellos es la clave». En cierto modo, esta práctica de aceptar y dejar ser es un enfoque aún más radical que el de *tonglen*. ¿Podría ser realmente cierto que nuestros hábitos neuróticos y patrones disfuncionales comenzarán a sanar por sí solos si permanecemos presentes con ellos, en lugar de dejarnos arrastrar por ellos o huir? Esto es algo que vale la pena contemplar en profundidad y ponerlo a prueba de la mejor manera posible.

Anam Thubten recalca que este reconocimiento valiente de nuestros «fallos» no implica recrearse en sentimientos de culpa o vergüenza. Se trata, en cambio, de «no ocultar nada a la propia conciencia». En lugar de reaccionar de una manera u otra, podemos simplemente elegir no ocultar nada de lo que hay en nuestra mente. Podemos considerar que todo lo que observamos simplemente es la maduración de semillas kármicas. Todo lo que surge en nuestra mente y nuestro corazón no es más que nuestra experiencia actual, ni más ni menos. Incluso nuestras buenas y malas cualidades son temporales e insustanciales, no son la prueba definitiva de nuestra valía o indignidad. No son inherentes a nuestra naturaleza fundamental de la bondad básica; son simplemente lo que son. Si aprendemos a trabajar con nuestras experiencias de esta manera, entonces, en lugar de sucumbir a la atracción de nuestros viejos hábitos, podemos permanecer presentes con ellos hasta que se calmen por sí mismos.

Cuando sientes que te cierras, te endureces y te tensas con este precioso mundo, o contra tu querido y viejo yo, puedes usar el «tal como es» como antídoto. Es un mantra que se puede aplicar sobre la marcha, cuando sea necesario. Decir simplemente «Esta experiencia es completa tal como es» o «Estoy completo tal como soy» es una manera de pillarte en el momento en que empiezas a dividir tu experiencia por la mitad –en «esto» contra «eso» o «yo» contra «ti»–. Es una manera de pescarte justo cuando empiezas a endurecerte debido a una percepción dualista de la situación, una visión que de forma inevitable acarrea tensión e insatisfacción.

Trungpa Rimpoché se refería a la bondad básica como «el brillo imparable». Esto significa que tarde o temprano –no importa cuán tercos, perezosos o dubitativos seamos– la confianza en nuestra bondad básica y en la bondad básica del mundo despertará en nosotros. Desarrollaremos una confianza total en nuestra experiencia «tal como es». Es inevitable.

La maravillosa ironía de este viaje espiritual es que nos encontramos con que solo nos conduce a ser tal como somos. El estado sublime de la iluminación no es más que el conocimiento pleno de nosotros mismos y de nuestro mundo, tal como somos. En otras palabras, el resultado último de este camino es algo tan sencillo como ser plenamente humano. Y el beneficio final que podemos aportar a los demás es ayudarles a que se den cuenta de su humanidad plena, tal como son.

# 7. Cómo no perder la esperanza

*Cuando nosotros, como individuos, incrementamos nuestra resiliencia –somos más conscientes y no perdemos la esperanza–, también somos capaces de mantenernos fuertes ante las condiciones desafiantes a largo plazo. Esto forma parte de la capacidad de todos nosotros.*

Conozco a un hombre que lleva muchos años trabajando para erradicar la violencia de las bandas callejeras en Los Ángeles, principalmente en barrios latinos. Siempre tiene que buscar financiación para su trabajo, y en las propuestas que redacta, tiene que ser muy positivo: todo progresa, se producen cambios, todo es estupendo. Pero aunque ha tenido éxito a la hora de ayudar a las personas a conseguir trabajo y encontrar una dirección positiva para sus vidas, cuando escribe esas propuestas, siente que está siendo hipócrita.

Le parece que las cosas pueden parecer bonitas sobre el papel, pero en realidad la situación no está mejorando. Casi todos los días se entera de alguna tragedia. Un hombre rehace su vida, tiene un buen trabajo y una familia, y luego un día está lavando su coche, le disparan y lo matan. Y todo ese buen trabajo se terminó. Muchos de nosotros, que estamos comprometidos con el mundo, a menudo nos desanimamos. Si te preocupa el medio ambiente, la justicia social y la equidad, la reforma penitenciaria, el bienestar de los inmigrantes o el bienestar de las personas y del planeta en general, es muy fácil perder la esperanza.

Pero aunque hay muchas situaciones que parecen irremediables, creo que es importante no perder la esperanza. La pregunta entonces es: ¿Cómo? ¿Cómo lo hacemos para no permitirnos caer en una espiral descendente debido a una mentalidad de desesperanza y negatividad en crecimiento? O, si ya nos encontramos yendo cuesta abajo, ¿cómo nos levantamos?

Algo esperanzador que escucho una y otra vez, por parte de personas que trabajan en todo tipo de campos, es que ven mucha bondad básica en las personas. Mi amigo Jarvis Masters ha estado en el corredor de la muerte en California desde 1985. La mayoría de sus amigos y vecinos han asesinado a alguien. Pero él me dijo una vez: «Nunca he conocido a nadie en quien no viera su bondad básica. Cuando de verdad hablas con estos muchachos, hay mucho arrepentimiento, tristeza y una historia familiar. Empiezas a ver su ternura, su bondad básica».

La razón por la que a menudo empezamos a perder la esperanza a pasos agigantados es que las emociones consiguen que nos «enganchemos» a ellas. Podemos enfurecernos de forma justificada contra el gobierno, las corporaciones o el jefe, cualquiera que parezca estar obstruyendo la justicia. Pero sean cuales sean las circunstancias, una vez que nos alteramos de forma considerable, perdemos nuestra eficacia. Perdemos nuestra habilidad para comunicarnos de tal manera que el cambio sea realmente posible. Perdemos nuestra capacidad de hacer lo que más a menudo está a nuestro alcance: darnos alas a nosotros mismos y a las personas con las que nos encontramos.

Cuando nos enganchamos a algo –cuando nos enfadamos, estamos resentidos, tenemos miedo o somos egoístas–, empezamos a actuar de forma un poco inconsciente. Perdemos nuestro *payu*: nuestra conciencia de lo que estamos haciendo con nuestro cuerpo, nuestra forma de hablar y nuestra mente. En este estado, es demasiado fácil dejarse llevar por la espiral descendente. El primer paso para darte alas a ti mismo es notar y reconocer cuándo no estás siendo consciente. Si no lo haces, no hay nada que puedas mejorar. ¿Cómo puedes cambiar algo si no eres consciente de lo que está ocurriendo?

Puede parecer complicado ser consciente del hecho de que no eres consciente. Pero si prestas atención a cuándo empiezan a crisparse tus nervios, podrás leer las señales. Cuando te enganchas a algo, pierdes la sensación de que todo el mundo tiene la misma vulnerabilidad, de que todas las personas tienen el mismo deseo de ser felices y de evitar el dolor. Te encuentras aislado de la condición humana, en un estado en el que las cosas no te afectan.

Imagina que estás en un lugar hermoso, con muchas comodidades, lujo, buena comida y compañía agradable. La mayoría de nosotros quisiéramos estar ahí todo el tiempo, pero si estás en una atmósfera así es complicado relacionarse con cualquier tipo de sufrimiento en el mundo. Puede que escuches la noticia de que en un atentado ha habido personas que han salido volando por los aires en algún lugar de Oriente Medio, pero el mensaje realmente no te llega.

Luego está la situación de estar aislado debido a que pierdes la esperanza. Aquí se pierde la capacidad de discernir la bondad básica de las personas. Pierdes tu habilidad de discernir lo que se puede arreglar y lo que no. Pierdes la confianza en general. Y por eso es fácil entrar en un ciclo descendente de desánimo: una visión autocomplaciente de que tú mismo y la humanidad no valéis la pena.

El hecho de permitirnos ser conscientes o no conlleva enormes implicaciones, no solo para nosotros mismos, sino para toda la sociedad. Trungpa Rimpoché dijo que si un número suficiente de personas tiene confianza en la bondad básica y en nuestra capacidad para tirar de nosotros mismos y estar ahí para los demás, entonces, cuando los desafíos sean grandes, en lugar de hundirse, la sociedad se hará más fuerte.

Después de que los aviones se estrellaron contra el World Trade Center, muchos neoyorquinos se unieron. El sentido de realidad de todos ellos estaba tan hecho añicos que nada tenía sentido, excepto ayudarse unos a otros. Eso fue cierto por un tiempo, pero luego empezó el trauma de todo el suceso y la gente comenzó a cerrarse con miedo en sí misma. Empezaron a perder la conciencia. Unos meses después del evento, una viñeta del periódico *New Yorker* mostraba a una mujer diciéndole a otra: «Es difícil, pero poco a poco voy a volver a odiar a todo el mundo». Este patrón es el que observamos en muchas situaciones complicadas. Por ejemplo, si alguien está muy enfermo, todos se unen para ayudar, pero si la enfermedad persiste durante un año o dos, la gente comienza a alejarse porque no está preparada para tanto.

Cuando nosotros, como individuos, incrementamos nuestra resiliencia –somos más conscientes y no perdemos la esperanza–, también somos capaces de mantenernos fuertes ante las condiciones desafiantes a largo plazo. Esto forma parte de la capacidad de todos nosotros. Por experiencia propia sé que esto es cierto. Solía dejarme caer en una espiral descendente, pero después de haber practicado la meditación y haber recibido enseñanzas durante muchos años, cuando las cosas empiezan a ponerse feas, me animo a mí misma. Cuando me doy cuenta de que me estoy cerrando, me emociono un poco. ¡Esta es una oportunidad para revertir el viejo patrón y tirar de mí! Me ha llevado unos ochenta años llegar a este punto, pero sé que si yo puedo hacerlo, todo el mundo puede. Todos empezamos con diferentes niveles de inconsciencia, pero independientemente del nivel en que estemos, siempre podemos mejorar con la práctica.

Cuando perdemos la esperanza debido a nuestras batallas en la vida, uno de los mejores antídotos es poner las cosas en un contexto más amplio. A veces esto sucede de forma natural. Por ejemplo, estaba trabajando con un estudiante que es una persona maravillosa, pero que estaba completamente encallado en algunas áreas de su vida. Tenía el hábito de orientarse hacia sí mismo, lo que le hacía sentirse siempre una víctima. Siempre decía: «¿Por qué yo?». Traté de darle buenos consejos; durante años, fue a terapia e hizo muchas cosas valientes para trabajar con sus problemas; pero nada funcionaba. A pesar de su obvia bondad básica y su fortaleza, no había nada que le llegara.

Entonces descubrió que tenía un cáncer incurable. De la noche a la mañana, su patrón habitual se remedió. Poco después, íbamos los dos en el mismo automóvil. Había una persona caminando lentamente por el paso de peatones después de que el semáforo se hubiera puesto en rojo. Empezó a enfadarse, que era su costumbre en esas situaciones, pero luego se detuvo bruscamente y dijo: «No tengo tiempo para enfadarme con alguien por caminar demasiado despacio».

También tuvo algunas relaciones muy complicadas, particularmente con su madre. La forma que tenían de relacionarse había entrado en un bucle. Pero después de su diagnóstico de cáncer, él estaba hablando por teléfono con su madre y, cuando ella le dijo algo que solía hacer que se sintiera provocado, él dijo: «Mamá, probablemente voy a morir pronto, y ya no tengo tiempo para enfadarme contigo». Todo cambió de la noche a la mañana. Sus años de meditación y terapia le habían ayudado a establecer el escenario, pero solo cuando puso las cosas en un contexto más amplio pudo liberarse realmente de sus hábitos.

Descubrir que no nos queda mucho tiempo puede contribuir a ampliar nuestra perspectiva, pero no todo el mundo recibe de repente unos resultados negativos sobre un cáncer. No tenemos que depender de ningún evento dramático o que amenace nuestra vida para llegar a despertar. Una vez más, pienso en mi amigo Jarvis, que ve las cosas desde una gran perspectiva porque ha pasado mucho tiempo desarrollando su compasión. Una vez estaba en el patio de la prisión y un guardia comenzó a burlarse de él, tratando de provocarlo para que reaccionara. Pero Jarvis no mordió el anzuelo. Entonces sus amigos le dijeron: «¿Cómo puedes encajar eso? ¿Cómo puedes estar tan tranquilo? ¿Es tu budismo el que hace eso?». Y él dijo: «No, no es mi budismo. He recibido cartas de los hijos de los guardias, que me dicen que cuando su padre tiene un día duro de trabajo, regresa a casa y se desahoga con su familia. No quería que este hombre fuera a su casa y pegara a sus hijos». Por lo tanto, la compasión también puede ampliar nuestra visión. Piensa en las consecuencias más amplias que tiene enfurecerse y no te permitas actuar de una manera que cause dolor a otras personas.

Como alguien me dijo una vez, cuando uno toma conciencia, lo primero que descubre es por qué ha permanecido inconsciente todos esos años. Ser consciente significa que tienes que sentir plenamente lo que sientes, que a menudo es algo muy vulnerable y crudo. Mi amigo con cáncer estaba dispuesto a ir a ese lugar vulnerable porque no quería perder el tiempo en pequeñeces, cuando todo parecía trivial ante lo que se avecinaba. Jarvis se permitió ser vulnerable con alguien que tenía poder sobre él porque sabía cuáles podrían ser las consecuencias para la familia del guardia. Al poner las cosas en un contexto más amplio, fueron capaces de entrar en todo un reino de práctica: aprender a permanecer con la crudeza de la vulnerabilidad del ser humano.

Ampliar nuestra perspectiva y ser más conscientes a nivel individual también tiene un efecto positivo en nuestra sociedad. Si un número suficiente de nosotros puede sentir realmente lo que siente, si un número suficiente de nosotros puede permanecer de pie con nuestra vulnerabilidad en lugar de caer en una espiral descendiente, eso llevará de forma natural a que haya más personas que estén ahí para los demás.

Cuando leo las noticias o escucho a las personas que trabajan en campos donde las cosas pueden llegar a ser muy desalentadoras, experimento una sensación que es una señal de que podría empezar a ir hacia abajo. Cada uno tiene su propio punto débil que lo hace caer. Para algunos, es ver cuánta agresión y violencia hay en el mundo. Para otros, es la avaricia desenfrenada, la injusticia o la insensibilidad al dolor de los demás. A mí lo que realmente me conmueve, como ya he mencionado, es ver la polarización que prevalece en este momento: la polarización basada en la religión, la raza, la preferencia sexual, la clase social, todas las formas en que nuestra mente y nuestro corazón se encogen debido a nuestras posiciones, todas las formas en que nos cerramos al encajonarnos en «nosotros» y «ellos». Puesto que la polarización es lo que tiene mayor potencial para desanimarme, utilizaré como ejemplo la forma en que yo he estado trabajando con ella.

El primer paso es buscar la polarización en mí misma. Esto implica generar suficiente valentía para sentir la vulnerabilidad de ver mi propia neurosis –para quedarme de pie con ella, en lugar de derrumbarme y esconderme–. Cuando busco con sinceridad la polarización en mí misma, a menudo veo que me cierro en banda y veo al otro como el problema. Me doy cuenta de que muchas personas ven a otros seres humanos como adversarios, con nada más que defectos, en contraste con mi propia ausencia de defectos. La gente siempre se ha apresurado a recordarme que tengo estos hábitos, pero realmente no puedo verlos si no me observo con detenimiento.

Una vez que pongo el foco sobre mis propios hábitos, hago la aspiración sincera de hacer todo lo posible para no añadir más polarización al mundo. Esta es una forma de situar mis acciones en un contexto más amplio. Ya no me limito a montar mi número, reaccionando de manera habitual ante cualquier cosa que me moleste. Una vez que he hecho esta aspiración, me resulta más fácil aplicar un antídoto a cualquier sensación incómoda que me empuje en la dirección de la polarización. Por ejemplo, puedo practicar *tonglen* o simplemente dejar que el sentimiento esté ahí, tal como es.

Hasta el momento, no puedo afirmar que esta sea una historia de mucho éxito. Es un trabajo en progreso. Pero ahora a menudo puedo tener una visión más amplia de mi propia polarización. Esto ya no tiene que ver con ser una buena chica y sentarse educadamente y no hablar mal de las personas. No se trata de «la gente buena no hace eso, especialmente las monjas». No se trata de avergonzarme, regañarme o ponerme en la categoría de «mala persona». Pero si pienso en las grandes repercusiones sociales, es más fácil dejar de hacerlo. Igual que se necesitan muchas gotas diminutas para llenar un cubo de agua, también se necesitan muchas personas que como yo guarden rencor contra otras para crear una sociedad polarizada. De verdad no quiero ser una de esas gotas.

Aquí hay otro ejemplo. Conozco a una mujer que quedaba desolada cuando pensaba en cuántas personas en el mundo sienten que hay algo mal en ellas. Cuando millones o miles de millones de personas se denigran a sí mismas, también se tiene a millones o miles de millones de personas inconscientes, porque no quieren sentir lo que sienten. Es fácil ver que el resultado de esto no será positivo. Es fácil ver cómo esto puede ser un factor importante a la hora de explicar por qué hay tantos conflictos en nuestro mundo. Esta mujer empezó a ver su fuerte tendencia a autocriticarse dentro de este contexto más amplio. No quería añadir más gotas al cubo de la autodenigración. Cuando empezaba a sentirse mal consigo misma o a sentirse como una mercancía dañada, decía: «No voy a hacer esto porque no quiero añadir más autocrítica al planeta».

El punto integral aquí es que la manera de no perder la esperanza es darse cuenta de que todo lo que hacemos es importante. Puede ir de cualquiera de las dos maneras. Si nos ponemos a la defensiva, nos encerramos y sucumbimos a la inconsciencia, estamos añadiendo estos elementos a un planeta que ya sufre lo suficiente de tales tendencias. Por otro lado, si nos permitimos sentir nuestra vulnerabilidad, si permanecemos de pie cuando queremos derrumbarnos y nos abstenemos de atacar cuando nos provocan, tenemos un efecto positivo en el mundo en general. Mantener nuestra propia confianza y bienestar beneficia a nuestra familia, a nuestro lugar de trabajo y a todas las personas con las que nos comunicamos. La felicidad es contagiosa.

Cuantos más de nosotros aprendamos a confiar en nuestra bondad básica, más fuerte se volverá la sociedad. Esto no significa que no vendrán momentos complicados. No significa que la violencia, la injusticia y la pobreza llegarán a su fin. Esto no significa que los casquetes polares no se derretirán y que no aumentará el nivel del agua de los océanos. Pero sí significa que habrá muchas personas resilientes que nunca se darán por vencidas con la humanidad y que siempre estarán cerca para ayudar a los demás. Significa que cuando las cosas se pongan difíciles, eso sacará lo mejor de las personas, en lugar de lo peor. Si aprendemos a no perder la esperanza, siempre encontraremos maneras de contribuir de manera importante a nuestro mundo.

# 8. Más allá de la zona de confort

*Cuanto más dispuesto estés a salir de tu zona de confort, más cómodo te sentirás en tu vida. Más fácil te resultará relajarte en las situaciones que solían despertar el miedo y la repulsión. En cambio, si te quedas todo el tiempo en la zona de confort, esta se va haciendo cada vez más pequeña.*

Hace unos años, escribí una carta a mis estudiantes en la que les preguntaba dónde se refugiaban: «Cuando las cosas se ponen realmente duras, cuando estás asustado, estás solo, estás enfadado, todo se está desmoronando, en los momentos difíciles, ¿dónde te refugias?». Normalmente no recibo respuesta a estas cartas, pero en este caso escribieron muchas personas. Les pareció una pregunta muy útil, porque tuvieron que admitir, lo cual no me sorprendió en absoluto, que en tiempos difíciles se refugiaban en Netflix, en comer en exceso, o en otros tipos de entretenimiento y distracción.

Los practicantes budistas tradicionalmente hablan de refugiarse en las Tres Joyas. El Buda es nuestro ejemplo, el modelo a seguir y la inspiración. El *Dharma* es la enseñanza del

Buda y de otros seres despiertos como él. El *Sangha* es la comunidad de personas que también están en el camino del despertar. Pero cuando pregunté a mis alumnos dónde se refugiaban, muchos de ellos fueron lo suficientemente honestos como para admitir que lo primero en lo que pensaban no era en las Tres Joyas. En vez de eso, se decantaban por lo que era habitual y fácil.

Trungpa Rimpoché solía describir la mayoría de los tipos de refugio como «neurosis de confort». Cuando los bebés necesitan consuelo, pueden chuparse el dedo. Cuando las cosas se ponen complicadas para los adultos, por lo general hacemos una versión propia de chuparse el dedo. Así que la pregunta que hay que hacerse es: «¿Qué es mi pulgar?».

Me encontré con un libro llamado *True Refuge* [Refugio verdadero] de Tarchin Hearn, un maestro de Nueva Zelanda. Habla de cómo la gente en su centro de *dharma* recita un canto cada mañana en el que se refugian en el Buda, el *Dharma* y el *Sangha*. Pero luego les pide que piensen con detenimiento dónde se refugian en realidad cuando los tiempos son complicados. Supongamos que se refugian en las series de televisión. Su consejo es que lo llamemos por su nombre. Cuando estés a punto de empezar la reproducción del capítulo, junta las palmas de tus manos y di: «Me refugio en Netflix». O si lo tuyo es la comida, cuando estés a punto de abrir la nevera, junta las manos y di: «Me refugio en la nevera», o «Me refugio en este sándwich de mantequilla de cacahuete que me voy a comer a las dos de la madrugada».

Para profundizar en este tema, he visto que es útil utilizar un modelo que describe el proceso de crecimiento inventado por el psicólogo soviético Lev Vygotsky en la década de 1930 y desarrollado más recientemente por PassageWorks, un grupo educativo en Boulder, Colorado, donde escuché por primera vez la frase «abrazar lo inabrazable». Este modelo se puede ilustrar con un diagrama que muestra tres círculos concéntricos. El círculo más interno es la «zona de confort». A su alrededor está la «zona de aprendizaje» o «zona de desafío». El círculo más externo se llama «zona de riesgo excesivo».

*Más allá de la zona de confort*

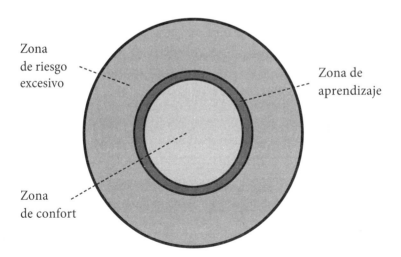

Zona de riesgo excesivo

Zona de aprendizaje

Zona de confort

La zona de confort es lo que más nos atrae. Es donde preferimos pasar el rato. Ahora bien, no estoy diciendo que haya algo intrínsecamente malo en ver películas en línea. Yo también soy una gran amante de las películas. Y todo el mundo necesita consuelo. Pero si pasas el resto de toda tu vida tratando de estar cómodo, viendo Netflix cada noche con tu sándwich de mantequilla de cacahuete, esto puede resultar problemático. Es cierto que hay maneras más dañinas de conseguir confort, pero debemos preguntarnos: si siempre nos quedamos en esa zona reducida, ¿cómo vamos a crecer?

La zona de aprendizaje es el lugar hacia donde nos prolongamos más allá de nuestra comodidad. Pongamos que tienes un problema con la tacañería. Está profundamente arraigada en ti. Para ti, regalar cosas es como regalar tu suelo; supone una amenaza para todo tu ser. Puedes acceder a tu zona de aprendizaje si decides regalar algo muy pequeño. Por ejemplo, a menudo tengo muchos problemas para encontrar un bolígrafo que se adapte bien a mis gustos. Cuando finalmente encuentro uno bueno, la idea de regalarlo puede suponer incluso que experimente un poco de repulsión. Eso puede desencadenar un profundo apego y problemas de seguridad. Pero si lo doy, entro en mi zona de aprendizaje. Siento la incomodidad y veo que he sobrevivido. Luego, al día siguiente, puedo regalar otra cosa pequeña: un sello postal, una sonrisa cuando no tengo ganas de sonreír, cualquier cosa que me haga sentir un poco nerviosa. La zona de aprendizaje es provocativa, pero es donde ocurre la mayor parte de nuestro crecimiento.

El círculo más exterior de este modelo se llama zona de «riesgo excesivo». Esta área suele ser demasiado difícil para fomentar el crecimiento. Es como estar en la parte más profunda de la piscina cuando ni siquiera sabes nadar. No estás listo para ir allí. Si te obligas a estar en esta zona exterior, quedarás demasiado traumatizado para poder aprender algo. Algunas personas que se esfuerzan demasiado en su práctica de *dharma* huyen despavoridos y no vuelven a meditar nunca más. Este tipo de reacción puede darse si intentas saltar desde tu comodidad hasta la zona más externa. Pero si te quedas tanto tiempo como puedas en tu zona de aprendizaje, con el tiempo estarás listo para afrontar algunos de estos grandes desafíos.

Las tres zonas son muy personales. La zona de riesgo excesivo de una persona puede ser la zona de aprendizaje de otra. Por ejemplo, a menudo pienso en el increíble coraje de los Viajeros por la Libertad, que viajaron en autobuses a principios de los años sesenta del pasado siglo para desafiar las leyes de segregación en el Sur. Se metieron en situaciones en las que muchas personas estaban dispuestas a insultarlos –o incluso a matarlos–, experiencias que para la mayoría de la gente serían apabullantes. Pero no todos tenían miedo. Hace unos años conocí a uno de los Viajeros por la Libertad y tuve la impresión de que, para él, viajar en esos autobuses era en realidad su zona de confort. Él progresó en esa situación, así que incluso poniendo en riesgo su vida se sentía cómodo. Tal vez para él, tener que quedarse en la oficina y recibir llamadas telefónicas hubiera sido más desafiante.

Lo interesante es que cuanto más dispuesto estés a salir de tu zona de confort, más cómodo te sentirás en tu vida. Más fácil te resultará relajarte en las situaciones que solían despertar en ti el miedo y la repulsión. En cambio, si te quedas todo el tiempo en la zona de confort, esta cada vez se hace más pequeña. Este puede ser el caso en una comunidad cerrada. La puerta te hace sentir protegido. Pero ¿qué pasa cuando la lavadora se estropea y alguien tiene que venir a arreglarla? Cuanto más intentas protegerte del peligro, más miedo tienes de todo el mundo. Y cuanto mayor te haces, más amenazado te sientes. Las cosas que no te molestaban cuando tenías treinta o cuarenta años pueden hacerte sentir muy incómodo cuando tienes setenta u ochenta.

En el contexto del refugio, creo que es muy útil tener en cuenta estas tres zonas y sentir nuestra orientación. A veces solo tenemos que decir: «Necesito estar en mi zona de confort ahora mismo porque estoy estresado y eso me ayudaría». Si ese es el caso, honra eso. Pero otras veces, podemos descubrir que nos estamos engañando a nosotros mismos. No podemos decir honestamente que nos estamos refugiando en las Tres Joyas. No podemos decir honestamente que estamos siguiendo nuestra intención de usar nuestra vida para crecer. Pero si entendemos cómo ocurre el crecimiento y nos inspiramos para seguir el camino del despertar, desarrollamos ganas por las cosas que suponen un desafío para nosotros. Nos sentimos cada vez más atraídos por los lugares donde el aprendizaje y la profundización pueden suceder.

En el siglo XIV, el sabio tibetano Thogme Zangpo escribió *Las treinta y siete prácticas de un bodisatva*, que sigue siendo uno de los poemas más citados y queridos de la literatura budista. Cada una de sus estrofas da consejos sobre cómo vivir como un *bodisatva*, una persona cuya más elevada aspiración en la vida es despertar para el beneficio de todos los seres vivos. En un verso, describe de manera conmovedora por qué un estilo de vida orientado a la comodidad resulta insatisfactorio. La felicidad «desaparece en un instante», dice, «como una gota de rocío sobre una brizna de hierba.»* Basar tu comodidad en cosas que no duran es una estrategia inútil para vivir.

Incluso cuando obtienes algo que siempre has deseado, el placer que experimentas dura poco tiempo. El ejemplo más conmovedor es el de enamorarse. Esa parte del brillo inicial –la fase de la luna de miel– puede durar un par de años. Entonces tienes dos personas viviendo juntas, que es cuando realmente se empieza a vivir en la zona de aprendizaje. Por eso las relaciones pueden ser tan poderosas para nuestro crecimiento espiritual. Si la relación va a continuar, es inevitable que haya una prolongación de una zona a la otra. Ahí es cuando empiezas a profundizar.

La idea de que la felicidad desaparece como una gota de rocío podría sonar deprimente, pero aquí la intención de Thogme

---

* Todas las citas de Thogme Zangpo están basadas en las traducciones de Ken McLeod que aparecen en *Reflections on Silver River* (Sonoma, CA: Unfettered Mind Media, 2014).

Zangpo es señalarnos la libertad. Aferrarse a cosas que siempre están cambiando es una táctica de la zona de confort. Es lo que nos mantiene en el *samsara*, que es una palabra sánscrita que se refiere al círculo vicioso en el que todos estamos atrapados porque continuamente nos resistimos a la realidad. La única manera de liberarnos del *samsara* es despertar a la naturaleza abierta de las cosas. Esto requiere aventurarse a visitar la zona de aprendizaje, donde nos encontraremos con una ausencia básica de fundamento. Trungpa Rimpoché equipara este estado con el espacio abierto y amplio de nuestra bondad básica. Es el aire fresco de nuestra cordura más profunda. Pero debido a que este espacio no nos ofrece algo a lo que aferrarnos, por lo general nos parece intimidatorio. Es entonces cuando, en la descripción poética de Trungpa Rimpoché, tendemos a «escondernos en cuevas y selvas», lo que es una forma de decir que nos volvemos muy egocéntricos. «Encendemos un fuego enorme de odio», «agitamos el río de la lujuria» y «nos revolcamos en el barro de la pereza». La agresión, la pasión y la ignorancia –lo que se conoce como los tres venenos– son el resultado de no conectarnos con nuestra bondad básica porque tememos el estado sin fundamento.

El *tonglen* es una de las prácticas más efectivas para cambiar nuestra actitud en lo que respecta a la comodidad. En lugar de seguir nuestro hábito de evitar la incomodidad, respiramos lo que tendemos a encontrar desagradable o amenazante. Pero, una vez más, no lo hacemos hasta el punto de entrar en la zona de riesgo excesivo. En lugar de adentrarnos en nuestras peores pesadillas, podemos trabajar con lo desagradable a menor intensidad. Podemos usar algo pequeño, como la decepción, algo incómodo que normalmente provocaría una reacción, pero que no sea abrumador. Planeabas hacer una comida especial, pero te das cuenta de que te falta uno de los ingredientes principales y que es demasiado tarde para comprarlo. Planeaste un picnic, pero empezó a llover. O ibas a poner tu serie favorita, pero tu conexión a internet no funciona. El mero hecho de elegir hacer *tonglen* en estas situaciones, en lugar desanimarte o exteriorizar tu decepción, supone que estás saliendo de tu zona de confort. Empiezas a hacerte amigo de tu propio dolor y a desarrollar empatía con la condición humana. Aunque trabajes con un sufrimiento relativamente menor, estás construyendo la fuerza y la capacidad para manejar algo más grande. Si lo sigues haciendo, te darás cuenta de que en la gran adversidad, esa fuerza estará disponible para ti.

Luego es importante equilibrar la inhalación con la exhalación. Matthieu Ricard, el famoso monje y autor budista, fue sometido una vez a una prueba de compasión cuando estaba conectado a una de esas grandes máquinas que registran toda la actividad cerebral. Comenzó visualizándose a sí mismo enviando rayos de luz sanadora a aquellos que sufrían, pero los científicos querían que se concentrara en inhalar el sufrimiento.

Cuando estaba en esa fase, se saturó. Acababa de visitar un orfanato en Rumanía donde era muy triste ver cómo trataban a los niños. Y también había estado hacía poco en el Tíbet después de un terremoto. Así que tenía mucho material, que seguía inhalando e inhalando.

De esta experiencia, dijo que aprendió que una persona no puede tomar en exceso. Descubrió que tomar el sufrimiento debía equilibrarse con el amor y la bondad, con la plenitud de la vida. Creo que este ejemplo ilustra cómo él se acercó a la zona de riesgo excesivo, y se dio cuenta de que si inhalas el dolor, también tienes que enviar el amor. Existe una sensación de conexión tanto con la belleza como con la tragedia, con el encanto y la alegría de la vida, así como con su parte cruel y degradada.

Durante este breve tiempo que disponemos en la tierra, tenemos que preguntarnos cómo vamos a pasar la vida. ¿Seguiremos aumentando y fortaleciendo nuestros hábitos neuróticos en nuestra búsqueda en vano de algún tipo de comodidad y placer duradero? ¿O lo convertiremos en una práctica para salir a la zona de aprendizaje? Es casi aterrador lo rápido que pasa la vida, especialmente a mi edad. Aunque me muevo lentamente y me gusta mucho el espacio, tengo la sensación de que voy a toda prisa para ponerme al día. Cuando se termina el día, ¿qué hice? ¿Pasé el día fortaleciendo mi orientación a la comodidad? ¿Me permití sentir la «nostalgia por el *samsara*», como le gustaba decir a Trungpa Rimpoché, anhelando el momento en que pensaba que solo necesitaba una agradable taza de té para ser feliz? ¿O salí hacia el estado sin fundamento y de verdad me refugié en las Tres Joyas? ¿Me aligeré y me aflojé, o me acurruqué bajo mi armadura y traté de mantener el *statu quo*?

El *statu quo* no es muy útil para el crecimiento espiritual, en el uso de este corto intervalo entre el nacimiento y la muerte. Por otro lado, expandir nuestra capacidad de sentirnos cómodos en nuestra propia piel y en el mundo, para que podamos estar ahí tanto como sea posible para otras personas, es una forma muy digna de vivir una vida humana.

# 9. Hablar desde nuestra humanidad compartida

*La forma de hablar del bodisatva comunica respeto por sí mismo y por los demás, en lugar de falta de respeto, agresión y polarización. Es el habla que nace del corazón y se comunica de corazón a corazón.*

Tengo un amigo íntimo que ha estado unos cuarenta años en prisión, desde que era un adolescente. Durante este tiempo, ha desarrollado mucha sabiduría y comprensión para ayudar a los jóvenes en situación de riesgo. Hace poco me contó cómo alguien que vivía entre pandillas podía mantenerse alejado de los problemas. Por ejemplo, un joven quiere evitar ir a la casa de un amigo porque sabe que es probable que se vea involucrado en una situación violenta. ¿Qué debe hacer? Yo me preguntaba: ¿No es probable que, si no va, sus amigos se enfaden? ¿No haría eso que sus amigos lo juzgaran, y no daría lugar a más polarización?

Mi amigo me dijo: «Todo depende de cómo les hables. Si dices: "¡De ninguna manera! No causáis más que problemas". Entonces, sí, eso sería un inconveniente. Pero si dijeras: "No

voy a ir porque mi madre está borracha y tengo que cuidarla", todo el mundo lo entendería. O si dijeras: "Necesito estudiar para un examen; mi maestro dice que si lo hago bien,
podría tener éxito en este mundo", entonces todo el mundo te
apoyaría».

En el fondo, todo el mundo apoya a las personas a las que
les va bien en la vida. Todos tenemos una bondad básica,
que responde naturalmente a la bondad básica de los demás.
Pero para que esta inclinación positiva salga a la luz, es necesario que se den las condiciones adecuadas. La forma en que
nos comunicamos es crucial. Cuando nos diferenciamos y hablamos desde nuestra neurosis a la neurosis de los demás,
creamos más división. Pero cuando venimos de un espacio de
humanidad compartida, nuestro hablar puede tener un efecto
sanador.

Para mí, este es el significado del habla del *bodisatva*. Comunica respeto por ti mismo y por los demás, en lugar de falta de respeto, agresión y polarización. Es el habla que viene
del corazón y se comunica con el corazón.

Trungpa Rimpoché hablaba de crear situaciones que ani-
men a las personas a conectar con su propia bondad básica. Podemos aprender a comunicarnos de una manera que nos acerque, a nosotros mismos y a los demás, a la cordura de nuestra
propia naturaleza básica. Esta es una de las habilidades más
importantes que el *bodisatva* puede desarrollar.

Hace muchos años, compartía una casa con una buena amiga. Nos llevábamos bien, pero entonces algo incómodo empe-

zó a suceder en nuestra relación. Todos los días hablábamos de otras personas. Y solo nos interesaba la gente a la que podíamos criticar. Decíamos cosas desagradables («Él hace eso» y «¿Viste lo que hizo ella?») mientras fingíamos que estábamos tratando de ser comprensivas y serviciales. Era venenoso. A veces me despertaba por la mañana y tomaba una decisión: «Hoy, solo voy a escuchar, pero no me involucraré en la crítica». Pero era imposible. ¿No es simplemente delicioso cuando alguien ve las cosas de la manera en que tú las ves y critica a la misma persona con la que tú te sientes crítico? Esto duró mucho tiempo. Entonces, un día, sin planearlo, me encontré diciéndole: «No lo hagamos más». Y, por supuesto, ella también había estado tratando de librarse de nuestro baile malsano. Así que pudimos soltarlo en ese momento.

En cierto modo, tuve suerte de que mi amiga no se sintiera ofendida cuando se me escapó el pensamiento. Hasta que se lo dije, no sabía que estábamos en plena sintonía. Pero creo que eso funcionó porque yo no venía de una situación de ser más consciente de lo que ocurría que mi amiga, y ella lo entendió.

Hablar desde el corazón nos acerca. Es el resultado de ver que nuestro verdadero estado está interconectado. Hablando descubrimos esa interconexión y dejamos de reforzar la idea errónea de que estamos separados. Por otro lado, si despreciamos a alguien, viéndolo como intrínsecamente problemático o amenazante, nuestra forma de hablar reflejará la polarización de nuestra mente.

A veces tenemos las mejores intenciones para lograr un cambio positivo, pero estamos muy atrapados en nuestro aferramiento al ego para llevarlo a cabo. Estamos demasiado alterados para discernir correctamente. En estos casos, es más probable que nuestra forma de hablar y nuestras acciones dividan en lugar de unir. El clásico ejemplo ridículo es el de los manifestantes contra la guerra que terminan usando sus símbolos de la paz para golpear a las personas que no están de acuerdo con ellos. Nuestra inteligencia natural sabe lo que mejorará las cosas y lo que las empeorará, lo que enfriará una situación y lo que la inflamará. Pero cuando venimos de un lugar de enfado, irritación o de sentirnos amenazados, nuestra inteligencia se enturbia. Cuando estamos alterados, perdemos la perspectiva. Nuestra actitud se convierte en: «Estoy tan tranquilo, tan cuerdo, soy tan razonable. A diferencia de *esa* gente». No es de extrañar que este sea el momento en que tenemos más ganas de hablar.

Todos tenemos algunas cosas peculiares que nos afectan. Por ejemplo, es posible que no puedas soportar escuchar a personas que hacen ruidos con la boca cuando comen. Puede que sientas que la única manera de expresar tu yo genuino es decir: «¡Ese ruido es asqueroso!». Eso no es hablar desde el corazón. Cuando hablamos desde la reactividad emocional, no hay un sentido de humanidad compartida.

Esto no quiere decir que debamos evitar abordar las circunstancias externas. Los padres, por ejemplo, necesitan guiar el comportamiento de sus hijos. Y hay muchas injusticias en el mundo. Pero si vamos a hablar de una manera que de verdad ayude, primero tenemos que trabajar con nuestras propias propensiones cuando se desencadenan. Entonces, si queremos convertirnos en activistas, podemos ser más eficaces porque nos adentramos en las situaciones con la cabeza despejada, sin estar cegados por el enfado u otras emociones. Si no tienes sentimientos intensos que hagan que te muerdas la lengua, sino que piensas que lo mejor para todos es que la persona se detenga, puedes decir algo y será más probable que tus palabras sean bien recibidas.

El *Dharma* siempre nos hace regresar a nosotros mismos. Antes de que podamos sanar a otros con nuestro discurso, necesitamos controlar nuestra propia mente y sus propensiones. Por eso los *bodisatvas* anhelan alcanzar la iluminación –despertar plenamente para poder ser de mayor beneficio para los demás–. Todos queremos que nuestra comunicación sea útil, pero cuando nos sentamos y miramos en nuestro interior, podemos notar que somos la imagen reflejada de las personas a las que queremos ayudar. Comenzamos a decir: «¡Dios mío! ¡Cómo nos parecemos todos! ¡Quizá esas otras personas no son mucho más neuróticas que yo!».

He aquí un ejemplo de autorreflexión sabia y honesta. Una joven judía que conozco pasó un verano en Israel. Se encontraba en un ambiente muy conflictivo, especialmente en lo que se refiere a las opiniones políticas. Muchas de las personas que conoció estaban totalmente convencidas de que tenían razón. Ella quería crear una influencia positiva, pero temía que si hablaba haría más mal que bien. Irónicamente, su trabajo se centró en empoderar a las personas para que encontraran su propia voz, pero en esta situación no pudo encontrar la suya. Entonces miró en su mente y advirtió dónde estaba encallada: estaba juzgando demasiado a los demás. Podía ver con facilidad la rigidez de los corazones de los otros, pero se dio cuenta de que, hasta que no pudiera ablandar su propio corazón, su discurso sería ineficaz.

Aceptar lo que se encuentra en nosotros puede ser doloroso. Pero si podemos aprender a sentarnos con el dolor crudo de ese autodescubrimiento, si podemos sentarnos con ese sentimiento incómodo y soportarlo, eso mismo ablandará nuestro corazón. Nos hará más humildes. Puesto que todos nosotros somos en realidad muy vulnerables, cuando hablamos con otros sin destreza, desde nuestra reactividad, es demasiado fácil abrir heridas. Pero cuando hablamos desde nuestro buen corazón vulnerable, es más probable que lo que digamos sea más sanador que divisivo. En lugar de hacer que los demás se sientan mal consigo mismos, nuestras palabras pueden ayudarles a conectarse con lo mejor que hay en ellos.

La comunicación hábil se basa en el discernimiento. Necesitamos discernimiento para saber cuándo es el momento de hablar y cuándo no, cuándo es el momento de decir con firmeza: «Basta, eso duele» o de hablar amablemente y con suavidad. Sobre todo, necesitamos discernimiento sobre nosotros mismos. ¿Qué nos provoca o nos irrita? ¿Cómo llegamos al punto en que nuestra incomodidad se convierte en acciones de las que nos arrepentimos? ¿Qué calma nuestra mente agitada, en lugar de verter queroseno sobre el fuego?

A menudo cito a Shantideva, un gran sabio budista del siglo VIII cuyos escritos se enseñan ampliamente hasta el día de hoy. Su consejo para evitar que una situación intensifique su influencia sobre nosotros es que «permanezcamos como un tronco de madera». Enumera muchas experiencias provocativas y luego recomienda que no actuemos ni hablemos cuando surjan. A menudo la gente interpreta este consejo como una forma de represión. Pero la cuestión es que permanecer como un tronco de madera interrumpe el impulso de nuestras reacciones habituales, que suelen empeorar las cosas. En lugar de reaccionar, descansamos con la energía en movimiento y elevada que ha surgido. Nos permitimos experimentar lo que estamos experimentando. Esto ralentiza el proceso y permite que se abra un poco de espacio. Nos da la oportunidad para discernir nuestro proceso interno y luego hacer algo diferente. Y cuando interactuamos con otra persona, también le da a ella la oportunidad de sosegarse y conectar con su bondad básica.

Pero hablar desde el corazón no es algo que nos viene automáticamente. No suele ser algo natural. En realidad, es una habilidad en la que tenemos que trabajar. Tenemos que seguir perfeccionando nuestra capacidad de hablar con habilidad, año tras año, durante toda nuestra vida. Este proceso requiere de ensayo y error. Tenemos que cometer muchos errores y estar dispuestos a aprender de ellos. Dzigar Kongtrul Rimpoché me dijo una vez que para ganar sabiduría hay que «aprender por las malas». Tomé eso como que solo aprendería a ser más hábil si *no* lo hacía bien.

Incluso si miramos primero en nuestro interior y nos aseguramos de que estamos viendo las cosas con claridad, que nuestra visión no está nublada por nuestras reacciones emocionales, no hay garantía de que lo que digamos funcionará. Una actitud más amable es considerar todo el proceso como un experimento. Haz todo lo que puedas para venir de un lugar de humanidad compartida y luego experimenta diciendo algo. De esta manera, podemos aprender gradualmente lo que funciona y lo que no. Pero lo que funciona con Juan puede no funcionar con Jasmine; o lo que funciona el lunes puede no funcionar el miércoles. Cada situación es única. Cuando tratamos con otras personas –otros seres humanos complejos–, ¿cómo podemos hacerlo bien cada vez? No podemos venir de un lugar seguro. Todo lo que podemos saber es que hemos hecho lo posible para hablar desde un corazón bondadoso y despierto.

En el camino del *bodisatva*, hay una etapa en la que tienes un reconocimiento completo de la verdadera naturaleza de la realidad –la dimensión abierta, sin fundamento y no condicionada de nuestro ser–. Una vez que tienes este reconocimiento, no lo pierdes; no hay vuelta atrás. Esta etapa de comprensión se conoce como el primer *bhumi* o nivel de *bodisatva*. Pero lo interesante es que después de este reconocimiento, hay nueve *bhumis* más antes de que uno alcance la iluminación completa, el estado del Buda.

La primera vez que oí hablar sobre esto, no podía dar crédito: «¿Nueve más?». Luego escuché a Dzigar Kongtrul Rimpoché enseñando sobre este tema. Dijo: «Los otros *bhumis* son para aprender a comunicarse». Son etapas cada vez más profundas de aprendizaje de cómo curar: cómo no polarizar, sino ayudar a otros a que retornen a su mente de conciencia abierta, su bondad básica. Aprender a hablar desde el corazón es un viaje largo, pero es un viaje que vale la pena emprender, porque nos lleva a un lugar donde de verdad podemos sacar lo mejor de los demás.

# 10. Según lo etiquetas, aparece

*Nunca subestimes el poder de la mente. La forma en que trabajas con las cosas puede transformar lo que parece existir. Trabajar con lo interno tiene la capacidad de transformar lo externo, aunque no de una forma lineal a la que se pueda apuntar con el dedo.*

Cuando me nombraron directora de la Abadía Gampo, el monasterio de Nueva Escocia fundado por Trungpa Rimpoché, llevaba de cabeza a todo el mundo. Una de las razones por las que fui tan mala directora al principio fue porque quería que todo fuera estéticamente agradable según mi gusto. Era muy importante que todo estuviera limpio. Recuerdo que uno de los monjes dijo: «Todo lo que te importa es la limpieza. ¿Qué hay de la realización espiritual de las personas?».

La cocina estaba especialmente mal. Pero no importaba lo que me quejara, los productos nuevos que comprara, los cambios que hacía en el personal, ni que yo misma entrara para enseñar a las personas cómo se tenía que limpiar: nada cambiaba. Incluso bajaba en medio de la noche para organizar los cajones (no quería que la gente se diera cuenta de la magnitud de mis preocupaciones, pero una vez alguien me pilló haciéndolo a las dos de la madrugada, lo cual fue muy vergonzoso), pero, al cabo de dos días, abría un cajón y estaba tan desordenado como antes.

Finalmente, después de pasar por un gran tormento, recordé algo de una de las enseñanzas que había estudiado. El gran yogui Longchenpa del siglo xiv dijo que la forma en que etiquetamos las cosas es la forma en que parecen existir. Decidí experimentar con esta enseñanza y ver cómo afectaba a mi obsesión por la limpieza. Me dije a mí misma: «No me importa si todo el lugar está hecho un desastre. Voy a trabajar en mi propensión a etiquetar las cosas de manera negativa, como "sucio" y "desorganizado". Voy a prestar más atención a cómo proyecto mi propia versión de la realidad en el mundo. Estoy más interesada en hacer esto que en tenerlo todo como quiero que sea». Fue difícil. Prácticamente tuve que atarme las manos y cerrarme la boca con cinta adhesiva para no hacer ni decir nada.

Como solo pasaba una parte del año en la abadía, cada vez que volvía tenía la oportunidad de ver las cosas de nuevo. Y con el paso de los años, empecé a pensar: «Esto no puede ser verdad, pero la cocina está muy limpia y ordenada. No tengo que hacer nada en los cajones». En lugar de que todo mi ser se convirtiera en un nudo contracturado, me sentía relajada y feliz allí dentro. Fue un milagro.

Ahora sé que algunas personas dirán que lo único que hice fue rebajar mis estándares. Sinceramente, no puedo decir con seguridad cuánto más limpia está la cocina y cuánto menos me ha molestado la suciedad. Pero en cierto modo no tiene importancia. Me sentí mucho mejor, lo que hizo que todos los demás se sintieran menos tensos, y eso mejoró el ambiente en general.

Ver que la forma en que etiquetamos las cosas es la forma en que aparecen no significa que dejemos de trabajar con las circunstancias externas. A menudo las situaciones externas necesitan ser cambiadas de una manera concreta y responsable. De lo contrario, nunca habría habido ningún movimiento de derechos civiles, ni ninguna acción de *bodisatvas* heroicos inspirados para ayudar a nivel externo. Pero si no trabajamos con nuestra propia mente y percepciones, ninguna revolución política o económica cambiará realmente los profundos hábitos que nos mantienen atrapados en nuestras propias luchas emocionales, que conducen a la mayoría de nuestros conflictos con otras personas. A menos que nos demos cuenta de, y trabajemos con, nuestras proyecciones, no podremos reducir el sufrimiento de nosotros mismos y de los demás. Tampoco podremos cumplir nuestro anhelo y compromiso de despertar para el beneficio de todos los seres vivos.

*Las treinta y siete prácticas de un bodisatva* de Thogme Zangpo contienen una serie de versos que tratan sobre cómo trabajar con circunstancias difíciles en tu vida cambiando la forma en que las etiquetas. Nos habla de situaciones que normalmente parecerían tus peores pesadillas, como que te roben, te griten injustamente y que tu querido hijo se ponga en tu contra. En cada uno de estos ejemplos, da consejos sobre cómo convertir el suceso doloroso en una ocasión para el despertar espiritual.

Por ejemplo, una de las estrofas dice: «Aunque alguien te humille y te denuncie delante de una multitud, piensa en esa persona como tu maestro y hónrala humildemente». Cuando alguien nos trata de una manera tan poco amable, nuestra reacción natural es pensar en esa persona como si fuera un enemigo, junto con algunas etiquetas negativas. Pero para el *bodisatva*, esta persona que humilla y denuncia puede convertirse en un gran maestro.

¿Cómo puede alguien que te atormenta ser tu maestro? La razón es que, para despertar, tenemos que aprender a dejar de luchar contra la realidad. En otras palabras, tenemos que vencer a nuestro ego, «lo que se resiste a lo que hay». Digamos que tienes un grano enorme y purulento en la nariz. Has descubierto una manera de mirarte en el espejo sin que lo veas, y cuando sales a la calle, lo tapas con cosméticos. No puedes enfrentarte al hecho de que tienes esta cosa horrible en la cara. Entonces un niño de cuatro años se te acerca y te dice delante de una muchedumbre: «¿Qué es esa cosa tan grande que tienes en la punta de la nariz?». Este niño está dando un vistazo cercano y personal a tu ego. Te está mostrando dónde te resistes a la realidad, dónde estás tenso y necesitas aflojarte. De esta manera, se podría decir que el niño es tu maestro.

Machik Labdrön, una gran practicante tibetana que vivió en los siglos XI y XII, tenía una lista de sugerencias radicales para desengancharnos de nuestro aferramiento al ego. La primera de ellas es «muestra tus faltas ocultas». En lugar de ocultar nuestros defectos y estar a la defensiva cuando son expuestos, nos aconsejó que seamos abiertos con respecto a ellos.

Si te has mirado bien en el espejo, has superado tu vergüenza y has aceptado plenamente el grano tal como es, no necesitas que nadie revele tu falta oculta. Puedes decirle al niño: «¡Bravo! ¡Buena observación!». Pero esta respuesta solo es realista que la den aquellas personas que han recorrido un largo camino en su práctica de abrazar lo inabrazable. Hasta que lleguemos a esa etapa, necesitaremos que la gente nos señale nuestros diversos «granos» para que nos sintamos más cómodos cuando somos dueños de ellos. No tiene por qué tratarse de una gran humillación frente a una multitud. A menudo, sin siquiera quererlo, alguien nos dirá algo que nos exponga una vergüenza oculta. La actitud de querer crecer a partir de todo lo que te llega te permite utilizar la etiqueta «maestro» en lugar de «imbécil insensible» o «mocoso». Si tu objetivo es la transformación interior, entonces, ¿por qué no ver todo lo que te ayuda a crecer –por desagradable que parezca al principio– como tu maestro? ¿Por qué no ver a tus «enemigos» como «amigos espirituales»?

No hace falta decir que esto no es tan fácil de hacer. Es más como un comportamiento ideal, en la línea de «poner la otra mejilla». Es donde esperamos llegar si trabajamos con nuestra mente y sus hábitos durante un largo período de tiempo. No podemos simplemente escuchar un consejo inspirador e inmediatamente pasar de querer golpear a la persona a ser capaces de poner la otra mejilla. Tenemos que trabajar con el nivel en el que estamos y permitir que se produzca una transformación gradual. Pero sea cual sea el grado en el que podamos implementar esta actitud, nos proporcionará mucha fuerza para lidiar con situaciones que normalmente nos pueden causar una profunda angustia. Nos sentiremos mucho más cómodos en el mundo.

Nunca subestimes el poder de la mente. La forma en que se trabaja con las cosas puede realmente transformar lo que parece ser. Trabajar con lo interno tiene la habilidad de transformar lo externo, aunque no de manera lineal a la que se pueda apuntar con el dedo. Por ejemplo, si trabajas con tu propia agresividad, todo el mundo parece más amigable. Antes solía sentirme atacada todo el tiempo, pero ahora la gente parece bastante agradable. ¿Es porque yo tengo menos agresividad o porque ellos son más agradables? Nunca llegarás a conocer la respuesta definitiva. Pero lo que cada vez está más claro es que tu trabajo interno tiene un profundo efecto en cómo percibes el mundo externo. Por eso debemos prestar atención a la forma en que etiquetamos las cosas.

Cuando faltaba poco para que la vida de mi madre llegara a su fin, había desarrollado una visión muy poco halagadora de ella. Etiqueté a esa mujer que había sido una buena madre para mí con palabras como «hipocondría» y «lástima por uno mismo». Esa fue en parte mi reacción ante algunas de las dificultades que estábamos teniendo cuando empecé a llevar una vida menos convencional. Entonces, en un momento dado, conocí a una vieja amiga de ella. Las dos conectamos bien, así que salimos a caminar y hablamos mucho. Ella veía a mi madre como divertida, atrevida, inventiva, creativa, un ser humano totalmente diferente. Yo pensé: «¿Mamá?». Y me di cuenta de que, según la etiquetaba, ella se me aparecía. Yo estaba obsesionada con una o dos de sus facetas, y entonces conocí a una amiga que tenía una visión muy distinta sobre ella. Otra cosa interesante fue que la amiga había oído muchas cosas malas sobre mí y se sorprendió de que yo le cayera sinceramente bien. Ambas nos sorprendimos, y ambas tuvimos la oportunidad de desengancharnos de nuestras etiquetas estrechas.

Trungpa Rimpoché usaba la expresión «etiqueta aleatoria» para ayudarnos a darnos cuenta de la arbitrariedad de cómo hablamos y pensamos a menudo sobre las cosas. Si hablas inglés, usas la palabra *chair* para el objeto sobre el que te sientas. En rumano, es *scaun*. En zulú, es *isihlalo*. Es solo un objeto neutro, y luego le ponemos una etiqueta. Por supuesto, necesitamos el lenguaje para poder coexistir y hablar de las cosas. Es una parte inocente del comportamiento humano. Pero sucede algo extraño cuando el objeto, el sentimiento o la persona que etiquetamos se convierte en una etiqueta real en nuestra mente. Creemos en nuestra designación arbitraria.

Si desarrollamos demasiada fijación hacia nuestra etiqueta, olvidamos que la naturaleza de las cosas es abierta, fluida y está sujeta a cambios e interpretaciones. Cuando etiqueté la cocina como «sucia» –una etiqueta que tenía una fuerte carga emocional para mí–, se fijó de esa manera en mi mente y coloreó cómo la percibía en realidad. Pero si recordamos que las etiquetas son simplemente etiquetas, podemos usarlas para nuestro beneficio. Podemos usar la naturaleza fluida y abierta a la interpretación que tienen las cosas para trabajar con nuestros hábitos.

La práctica de *tonglen* es otra forma de trabajar con nuestro proceso de etiquetado. Normalmente, cuando padecemos algún tipo de dolor, o cuando nos damos cuenta de algunas de nuestras propensiones que nos dan una luz poco halagadora, hacemos todo lo que podemos para evitar esos sentimientos. Tal vez no los etiquetamos de forma consciente como «malos», pero así es como los sentimos. Con el *tonglen*, nos basamos a propósito en lo que queremos evitar y empezamos a darle la vuelta a esas etiquetas. No es que de repente lo que es «malo» se convierta en «bueno» y lo que es «bueno» se convierta en «malo». Pero empezamos a descubrir que, cuando nos abrimos progresivamente a lo que es difícil y doloroso, nuestro corazón se vuelve más afectuoso con nosotros mismos y con los demás.

Lo que antes era «malo» se transforma en *bodichita*. Se convierte en un anhelo de despertar para que podamos dejar de causarnos dolor a nosotros mismos y a los demás, y podamos ayudar a otros a darse cuenta de todo su potencial de alegría y bondad básica. La incomodidad en la sensación puede permanecer por un tiempo, pero ya no está firmemente fija en la categoría «malo». Podemos seguir sintiendo un fuerte deseo de rechazo, pero mientras sigamos desafiándonos a nosotros mismos al tiempo que respiramos en lo inabrazable, la práctica seguirá abriendo nuestro corazón.

Cuanto más experimentemos con las etiquetas, más fácil nos resultará ver a través de ellas y utilizarlas en nuestro beneficio. Seguiremos usando etiquetas para pensar y comunicarnos, pero de forma más positiva, y sin apostar tanto en ellas. Trungpa Rimpoché contó la historia sobre cómo una vez estaba sentado en un jardín con Dilgo Khyentse Rimpoché, uno de sus maestros más importantes. Estaban disfrutando de su tiempo juntos en ese hermoso entorno, sin apenas decir nada, solo siendo felices de estar allí el uno con el otro. Entonces Khyentse Rimpoché señaló algo con el dedo y dijo: «A eso lo llaman "árbol"», y ambos se partieron de risa. Para mí esto es una maravillosa ilustración de la libertad y la alegría que nos aguarda cuando dejamos de estar embaucados por nuestras etiquetas. Los dos maestros iluminados pensaron que era un escándalo que este fenómeno complejo y cambiante, con todas sus hojas, su corteza y su fragancia, pudiera ser concebido solo como «árbol». A medida que nuestras etiquetas pierden su adherencia sobre nosotros, nosotros también empezamos a experimentar nuestro mundo de manera más ligera y mágica.

# 11. La práctica
## de la conciencia abierta

*Practicar la conciencia abierta es un proceso gradual de regresar continuamente a ver lo que estamos viendo, oler lo que estamos oliendo, sentir lo que estamos sintiendo. Pase lo que pase, el método es soltar las cosas adicionales y volver a lo que hay aquí.*

Hay una estrofa seductora de *Las treinta y siete prácticas* de Thogme Zangpo que me gusta contemplar de vez en cuando. Hacerlo me resulta muy útil porque interrumpe el impulso de cómo habitualmente veo y pienso sobre el mundo. La estrofa, según la traducción de Ken McLeod en su libro *Reflexiones sobre el río de plata*, dice así:

> Todo lo que surge en la experiencia es tu propia mente.
> La mente misma es libre de cualquier limitación conceptual.
> Comprende eso y no entretengas
> las fijaciones de sujeto-objeto: esta es la práctica de un *bodisatva*.

Esto puede sonar muy filosófico, pero está directamente relacionado con lo que hemos estado diciendo en términos de ir más allá de nuestras etiquetas. Si no entiendes del todo a qué se refiere la estrofa, eso es bueno. Probablemente, sea mejor que si crees que lo sabes. Thogme Zangpo está tratando de llevarnos más allá de nuestros procesos de pensamiento habituales. Apunta a algo que en realidad no puede ser descrito o expresado. Por lo tanto, es mejor abordar estas líneas con una mente abierta que con muchas ideas preconcebidas. Como dijo el maestro zen Suzuki Roshi, «En la mente del principiante hay muchas posibilidades, pero en la del experto hay pocas».

La primera línea de la estrofa se refiere a nuestra tendencia a confundir la forma en que etiquetamos las cosas con la forma en que realmente son. *Sem*, la palabra tibetana que aquí se traduce como «mente», se refiere a la mente conceptual, la mente que etiqueta, juzga, compara, concreta y solidifica. En otras palabras, ese verso dice que no experimentamos nada de forma directa. Huelga decir que se trata de una afirmación provocativa. Salvo en raras ocasiones, siempre hay algo que recubre nuestra experiencia: nuestras opiniones, nuestros puntos de vista, nuestros tira y afloja mentales y emocionales. Por ejemplo, cuando nos levantamos por la mañana, oímos la lluvia cayendo sobre el tejado. Podemos etiquetar el sonido como «calmante, relajante, reconfortante». Nos gusta el sonido y queremos que dure. Pero si habíamos planeado un picnic o una reunión al aire libre, etiquetamos el sonido como «malas noticias, amenaza, obstáculo», y queremos que desaparezca. En cualquier caso, sin embargo, el sonido de la lluvia sigue siendo solo el sonido de la lluvia, libre de todas estas capas que recubren nuestra experiencia.

*Sem* es la mente que se toma las cosas muy en serio y las hace muy sólidas. Es lo que desarrolla fijación en «yo» contra «ti», «nosotros» contra «ellos», «esto» contra «aquello». Todas nuestras reacciones emocionales, todos nuestros hábitos y todo nuestro karma surgen de esta mente. Se podría decir que *sem* crea todo nuestro mundo. En realidad, lo que surge en nuestra experiencia no es ni bueno ni malo, ni correcto ni incorrecto. No obstante, gastamos mucha energía y sufrimos mucho porque creemos en todos estos conceptos.

El siguiente verso es «La mente misma es libre de cualquier limitación conceptual». Por «mente misma», Thogme Zangpo se refiere a algo más profundo que nuestra mente que etiqueta y concreta. Esta es la mente de la conciencia abierta, libre de fijaciones. Cuando nos conectamos con la «mente misma», experimentamos la naturaleza libre de etiquetas que es cómo son en realidad las cosas. En aras de la comunicación, podemos seguir usando etiquetas como «árbol», pero sin confundir esa etiqueta con la realidad fluida y compleja que subyace bajo ella.

Thogme Zangpo continúa diciendo: «Comprende eso y no entretengas las fijaciones sujeto-objeto». ¿Qué son las «fijaciones sujeto-objeto»? Si pruebas el helado de chocolate, tiendes a tener la sensación de que existe un «yo» que está degustando el helado. El sujeto (yo) y el objeto (helado) son dos cosas separadas. Pero esta separación no existe en la experiencia directa de saborear el helado. En esa experiencia directa, no hay «yo» o «eso». Solo existe el sabor. La separación entre sujeto y objeto es una forma sutil de etiquetado, otra de las funciones de *sem*.

La parte final del verso es: «Esta es la práctica de un *bodisatva*». Trascender la mente fija y conectarse con nuestra verdadera naturaleza –o, en este caso, transcender *sem* y conectarse con la «mente misma»– es algo que podemos practicar. Conocer este estado de conciencia abierta es una de las prácticas más importantes en el camino del *bodisatva* porque nuestros conceptos y fijaciones son los que provocan la polarización y nos impiden estar plenamente ahí para los demás. Cuando relajamos nuestra mente en la conciencia abierta, nos volvemos uno con nuestra bondad básica.

Hay muchas maneras de practicar la conciencia abierta, pero la esencia de todas ellas es simplemente el mostrarse a la vida –tener los sentidos, la mente y el corazón abiertos– y permitirte liberarte de las limitaciones conceptuales tanto como puedas. En otras palabras, permitirte liberarte todo lo que puedas de las etiquetas («bueno» y «malo», «uno mismo» y «otro», etcétera). Permítete estar en este estado tanto como te sea posible, en función de tu nivel actual de comprensión.

Puedes acercarte a esta práctica con la actitud de «sentarse en medio de lo que está pasando». Por ejemplo, pongamos que estás empezando una sesión de meditación grupal de una hora de duración y de inmediato surge en ti una ira enorme hacia alguien. Al instante eso se convierte en un gran problema con una trama argumental, llena de etiquetas y fijaciones sujeto-objeto. Como estás pegado a tu cojín de meditación, todo lo que puedes hacer es sentarte en medio de todo el lío y, en la medida de lo posible, soltar tus conceptos y etiquetas. Cada vez que esos pensamientos de enfado surgen, sin reprimirlos, simplemente interrumpes su impulso y regresas a la conciencia abierta. Al mismo tiempo, puedes darle mucho espacio a tu gran e intenso problema, para que sentarse en medio no se convierta en algo claustrofóbico. Puedes sentir el espacio en todo tu cuerpo, desde la parte superior de la cabeza hasta las plantas de los pies. O puedes expandirlo, dándole el espacio de la habitación o incluso el vasto espacio exterior.

Después de estar sentado así un rato, de repente te das cuenta: «¿Adónde ha ido a parar eso?». Pero lo que sigue es que piensas que te critican y te pones nervioso otra vez. De nuevo, te sientas en medio y permites que se afloje la etiqueta, con esa sensación de espacio. Al cabo de un rato te encuentras de nuevo preguntándote: «¿Adónde se fue eso?». A medida que prosigues por este ciclo, empiezas a darte cuenta de que tu vida está llena de dramas que parecen ser el centro de tu mundo, pero si sigues sentado en medio de todo esto, lo sientes como un flujo. Ya no es tan sólido. Es todo impermanente, y eso son muy buenas noticias.

Este enfoque es similar a la práctica de «tal como es». Pero la conciencia abierta implica un nivel adicional de comprensión que se desarrolla con el tiempo. A medida que nos entrenamos para darnos cuenta de cómo etiquetamos continuamente las cosas, empezamos a ver hasta qué punto creamos nuestra propia realidad. A menudo he encontrado esta idea sorprendente.

Este proceso de creación empieza en un nivel muy básico. Todos tenemos una profunda propensión a etiquetar las cosas automáticamente –y a menudo de forma inconsciente– como agradables, desagradables o neutras. Nos gusta, no nos gusta, o no nos importa que sea de una forma u otra. Pero «placentero» puede fácilmente convertirse en ansia, adicción paralizante y todo tipo de manifestaciones externas como la explotación animal y el comercio sexual. «Desagradable» puede llevar a los prejuicios, al odio y a la violencia hasta que estas cosas se arraigan profundamente en nosotros. Y «neutral» puede fácilmente convertirse en indiferencia, estar fuera de contacto con nuestros sentimientos, ignorar a los demás, no ayudar a las personas que están en apuros. Todas estas meras etiquetas pueden manifestarse y escalar a nivel individual y global.

Sentarse en medio y practicar la conciencia abierta es un antídoto para todos estos tipos de escalada. Debido a que en nuestro inconsciente tenemos muchas semillas kármicas, surgen constantemente todo tipo de pensamientos y emociones. Pero cada vez que nos sentamos con ellos, dándoles todo el espacio que necesitan, estamos quemando esas semillas kármicas sin crear otras nuevas. Cada vez que en tu mente aparece el siguiente drama –ya se trate de un recuerdo doloroso de la infancia o de un enfado descomunal con tu jefe–, si te sientas en medio del lío y practicas la conciencia abierta, estás cambiando tus patrones habituales. Puede que te parezca que no está cambiando nada, pero hay algo que se cuece poco a poco. Puede que no sea obvio, pero tu práctica está quemando esas semillas kármicas, lentamente pero con firmeza.

De vez en cuando, puede que se manifieste una gran comprensión de la profundidad de la conciencia abierta. Puede parecer muy estimulante, incluso alucinante. Pero en esta etapa la experiencia no es más que un vislumbre fugaz. Si tratas de aferrarte a ella, si tratas de recuperarla cuando ya no está, entonces estás yendo detrás de lo placentero, en lugar de permanecer con las cosas tal como son. Te encuentras de nuevo en el reino de *sem*, la mente limitada y conceptual.

Practicar la conciencia abierta es un proceso gradual de regresar continuamente a ver lo que estamos viendo, oler lo que estamos oliendo, sentir lo que estamos sintiendo. Pase lo que pase, el método es soltar las cosas adicionales y volver a lo que hay aquí. La lluvia en la mañana no es buena o mala, ni reconfortante o amenazante. Ni siquiera es «lluvia». Es solo lo que es. Todo es exactamente lo que es: bello, pero en última instancia indescriptible. Si seguimos haciendo esta práctica –una y otra vez, año tras año, en meditación formal y en nuestra vida diaria–, desarrollaremos una confianza inquebrantable de que esta forma de ser libre de conceptos está en perfecta armonía con cómo son realmente las cosas. Esto nos brindará una seguridad incontestable de nuestra conexión con los demás, y de nuestra bondad básica.

# 12. La vida cambia en un instante

*Cuando nuestra burbuja explota, podemos reconocer que esta-*
*mos cruzando una puerta muy importante. Entonces podemos*
*experimentar con pasar el rato al otro lado de esa puerta. Pode-*
*mos aprender a relajarnos ahí.*

Joan Didion escribió hace unos años un libro titulado *El año*
*del pensamiento mágico*. Trata sobre el año siguiente a un cambio abrupto en su vida, que fue la inesperada muerte de su marido. Además de la emotividad y la claridad de este libro, Joan
también ofrece una manera accesible de profundizar en lo que
significa ir más allá de las etiquetas y en la conexión con la
mente de la conciencia abierta.

Ella y su marido habían regresado del hospital, donde su
hija única de treinta y nueve años estaba en coma y en estado
muy grave. Se acababan de sentar para cenar algo. Ella estaba
concentrada mezclando la ensalada y él disfrutaba de un whis-
ky. Estaban hablando y, de repente, él dejó de hablar. Había
muerto, sin más.

Poco después de su muerte, ella escribió algo en su ordenador. La siguiente vez que abrió su ordenador, que fue meses

más tarde, leyó lo que había escrito: «La vida cambia a gran velocidad. La vida cambia en un instante. Te sientas a cenar y la vida tal como la conoces termina».

Cuando leí estas palabras, resonaron profundamente en mí. Trajeron a mi mente algunas experiencias en las que un repentino choque alteró completamente mi visión habitual, convencional y cohesionada de la realidad. Y se me ocurrió que millones de personas han tenido este tipo de experiencia, este momento inesperado en el que su mundo se desmorona totalmente. No es necesario ser un practicante budista –no creo que Joan Didion lo sea– para pasar por cambios tan abruptos y drásticos en nuestros conceptos de cómo son las cosas.

Dzigar Kongtrul Rimpoché habla de cómo todos nosotros, queramos o no, vivimos en una burbuja. Esta es nuestra propia versión de la realidad, creada por nuestro ego, que siempre se aparta de la naturaleza abierta de cómo son las cosas y trata de mantener lo familiar. La mayoría de las veces somos capaces de mantener intacto este sentido de familiaridad. Todo dentro de nuestra burbuja es bastante predecible y parece tener sentido. Incluso si estamos pasando por un momento difícil, en cierta medida somos capaces de mantenerlo todo en orden. Nos levantamos por la mañana, entramos en un mundo familiar, pasamos el día con muchas rutinas familiares. Cómo preparamos nuestra comida, cómo tomamos nuestro café, cómo nos relacionamos con personas particulares de maneras particulares –no hay demasiado espacio para la sorpresa–. Esto no es algo que conscientemente elegimos hacer. Sea cual sea el tipo de vida que tengamos, tenemos nuestra propia versión de la burbuja. Es nuestra forma predeterminada de ser, y la mayor parte del tiempo, ni siquiera sabemos que lo estamos haciendo.

Incluso Joan Didion, una mujer sofisticada con una vida rica y variada, vivía en una burbuja. Sabía que su marido tenía una enfermedad cardíaca que algún día podría resultar fatal. Pero cuando pensaba en el final de su tiempo juntos, sus pensamientos adoptaban la forma de fantasías dramáticas. Se imaginaba, por ejemplo, que estarían nadando en una cueva a la que solían ir y el nivel del agua subiría, y se ahogarían juntos. Ese fue «el tipo de final que anticipé», escribió. «No anticipé un paro cardíaco en la mesa mientras cenábamos.»

La primera vez que me pasó algo así, yo también estaba en medio de una actividad mundana. Estaba sentada frente a mi casa en Nuevo México, escuché el portazo de la puerta del automóvil, mi esposo dobló la esquina, me dijo que estaba teniendo una aventura y quería el divorcio, y, ¡zas!, la vida tal como la conocía cambió.

Aún no había conectado con las enseñanzas budistas, así que no contaba con un marco de referencia. Años después, recibí mis primeras enseñanzas sobre *shunyata*. Esta palabra sánscrita se traduce más comúnmente como «vacuidad». Como les pasa a muchas personas, al principio la malinterpreté. La vacuidad fácilmente puede parecer un vacío, una ausencia, un estado de no existencia. Algunas personas tienen la noción de ser arrojadas de una nave en el espacio exterior y flotar por toda la eternidad. La imagen que tenía yo de la vacuidad era como el paseo de la Mansión Embrujada en Disneylandia, donde la vagoneta te lleva a través de la casa y ves a todas esas figuras fantasmales de hologramas deambulando. Me tomó un tiempo conectar la vacuidad con lo que había experimentado ese día en Nuevo México, o con otras experiencias en las que mi burbuja había explotado de forma repentina.

Nada en nuestro marco conceptual puede prepararnos para la experiencia de «la vida tal como la conoces termina». La forma en que nuestra mente percibe y sostiene las cosas deja de funcionar. Todos nuestros puntos de referencia desaparecen; la forma en que solemos concebir la realidad sencillamente no funciona. Aunque no utiliza el mismo lenguaje, creo que Joan Didion describe con esas palabras una experiencia de vacuidad. Es la experiencia de todos aquellos cuyo mundo se desmorona de esta manera.

Cuando hablamos de vacuidad, es importante aclarar a qué se refiere el término «vacío». La palabra «árbol» es solo un nombre conveniente para una colección de partes –tronco, ramas, hojas– que siempre están cambiando, día a día, instante a instante. Lo etiquetamos todo como un «árbol», pero esa etiqueta está en nuestra mente. En realidad, no hay nada que podamos determinar con nuestros conceptos limitantes. No hay nada permanente o sólido a lo que podamos aferrarnos. Y esto es cierto no solo para los árboles, sino para todo en el universo, incluyendo «tú» y «yo». Todo está vacío de ideas y etiquetas fijas. Pero al mismo tiempo un árbol no desaparece cuando reconocemos su vacuidad. Simplemente, lo vemos de manera clara como en realidad es: fluido, abierto e interconectado con todo lo que lo rodea.

Otra forma de hablar de la vacuidad es decir que las cosas no tienen «un significado imputado». En lugar de experimentar las cosas tal como son, nuestra mente imputa en ellas capas adicionales de significado. Esto puede sonar muy intelectual, pero atribuir un significado es algo que todos hacemos, todo el tiempo. Por ejemplo, piensa en cómo te sientes cuando dices «una buena taza de té». ¿Qué me dices de «una ducha caliente» o de «mi perrito»? ¿Piensas en el objeto tal cual es, o hay otra capa de significado encima de él? Para muchos de nosotros, una buena taza de té o café tiene el significado adicional de «comodidad». El dinero en el banco puede significar «seguridad». Un determinado par de zapatos puede significar «buen gusto». Un cónyuge puede significar «confirmación». Pero ¿existe alguno de estos significados en esos objetos?

Cuando nuestra burbuja estalla a causa de acontecimientos repentinos, nuestros significados imputados son aniquilados. Leí el relato de una mujer que se apresuraba a ir al trabajo el 11 de septiembre de 2001. Estaba tan obsesionada con una presentación que tenía que hacer ese día que desde que se despertó apenas había sido consciente de otra cosa que no fuera esa presentación. Ni siquiera estaba segura de haber desayunado. Era como si no existiera nada en el mundo fuera de su cabeza. Después salió de la estación de metro justo en la Zona Cero, y la vida como ella la conocía terminó. Uno de los detalles más conmovedores sobre los que escribió fue cómo el aire estaba lleno de pedazos de papel agitándose. Todos esos documentos y presentaciones tan importantes se habían convertido en trozos de papel esparcidos que flotaban en el aire. Sus significados imputados habían desaparecido.

Las experiencias repentinas de vacuidad pueden desencadenarse de muchas maneras. A veces se dan con un dato de información. Conocí a alguien que, cuando tenía unos dieciocho años, pasó por una experiencia profundamente inquietante al descubrir que había sido adoptado. Sus padres adoptivos habían sido muy bondadosos con él y en su infancia no había sucedido nada realmente malo, pero el descubrimiento de repente puso fin a la versión de la realidad que había construido sin saberlo. Hasta ese momento había vivido toda su vida asumiendo que la madre que lo había criado le había dado a luz y que su padre también había estado con él desde el primer día. Esta realidad estaba tan profundamente integrada en su ser que, cuando descubrió la verdad, tuvo una gran experiencia de falta de fundamento. No solo se vieron socavados los significados de «madre» y «padre», sino que también se cuestionó su propia identidad.

Cuando tu burbuja explota, incluso las cosas más ordinarias de tu vida (tus muebles, tu vecino, cómo caminas por la calle) son despojadas de sus capas adicionales de significado imputado. Te encuentras en un espacio abierto y sin fundamento. Esto puede durar un instante o –en el caso de un shock severo como el de Joan Didion– puede durar mucho más tiempo. Si tu mundo está tan radicalmente patas arriba, puede llevar muchos años recomponerlo, conseguir tener algún tipo de suelo bajo tus pies.

En su libro, Didion escribe sobre cómo sus rutinas y relaciones habituales, entre otras cosas, adquirieron una cualidad de falta de significado. Aunque esta palabra tiene una connotación sombría, cuando la contempló con mayor detenimiento, encontró en ella algo más que desolación. Como ella experimentó –y como yo y muchos otros hemos experimentado–, cuando tienes esta sensación de falta de sentido, sabes que te has conectado con algún tipo de sabiduría. Sabes que conoces la verdad. Miras a través de tus ojos y ves el mismo viejo mundo, pero ya no tiene el significado ficticio con el que lo imbuiste. Te impacta que, de alguna manera, hayas estado inventando tu mundo todo el tiempo. Las cosas son como son, desplegándose como se despliegan, pero nuestro ego, siempre en busca de confirmación y seguridad, imputa una capa tras otra de significado.

A menudo, imputamos el significado de manera graciosa. Hace unos años estaba en un lugar en el que había una estufa de aceite. Parecía un fuego hermoso en una chimenea. Me gustaba sentarme frente a él, mirar los troncos artificiales, sentir el calor acogedor de esas llamas simuladas. El único problema era que los vapores del aceite me causaban irritación, así que me pasé tres días tratando de ser más lista que esa cosa porque quería tener la agradable sensación de estar frente a una fogata sin sentirme indispuesta. En algún momento se me ocurrió que me estaba comportando así de ridícula solo porque le estaba atribuyendo un significado al fuego –algo parecido a «el hogar es donde habita el corazón»–.* Esa comprensión me abrió el camino para poder ver cómo eran realmente las cosas. En lugar de ofrecerme placer, el hermoso fuego me producía una jaqueca terrible. Cuando mi burbuja había explotado, y ya no podía engañarme, pude disfrutar de una buena carcajada. Tener esta pequeña visión de la vacuidad convirtió un momento de decepción en un momento de humor.

Desde el punto de vista budista, cuanto más nos acostumbramos a la vacuidad, más abiertos estamos al deleite. Cuando empezamos a experimentar las cosas tal como son, más allá de las etiquetas y las imputaciones, descubrimos una alegre libertad de nuestras ilusiones. En el momento en que conocemos y apreciamos el estado abierto y sin fundamento de *shunyata*, nos damos cuenta de que es mucho más agradable que la ficticia «realidad» que tanto nos cuesta mantener y mejorar. Y este descubrimiento nos lleva a tener compasión por todos los que están involucrados en esa batalla continua. Por esta razón, el desarrollo de la comprensión de la vacuidad es una de las partes más importantes del camino budista.

La dificultad con la vacuidad se da cuando no disponemos de un contexto para entender la experiencia. Si la vacuidad se nos impone debido a las circunstancias, puede ser muy dolo-

---

\* Cita atribuida a Plinio el Joven (62-113 a.C.). En esta expresión, el término *hogar* no significa «casa» o «domicilio», sino que se refiere al «sitio donde se hace la lumbre en las cocinas, chimeneas, hornos de fundición, etc.» (*Diccionario de la lengua española*). *(N. del T.)*.

rosa, o como mínimo hace que te sientas desorientado. La mayoría de las personas que de repente se encuentran con que su realidad imputada les ha sido arrebatada no tienen idea de qué hacer. El espacio es demasiado abierto y no hay nada familiar a lo que agarrarse.

Podemos prepararnos para tales experiencias empezando a familiarizarnos ahora con la vacuidad. Una manera de hacerlo es el método descrito en el capítulo anterior: sentarse en medio de lo que sucede, y soltar conceptos y etiquetas lo mejor que podamos. Si hacemos esto regularmente, podemos, de vez en cuando, tener experiencias vívidas de cómo todas las cosas están vacías de nuestras ideas fijas y superposiciones mentales. Esas experiencias pueden parecerse a momentos de «la vida tal como la conoces termina», pero sin que haya *shock* ni trauma. Aunque estos momentos de comprensión parecen surgir de la nada, se deben a nuestra práctica, a nuestra voluntad de seguir sentados en medio de la maduración de nuestras semillas kármicas. Son el resultado natural de nuestra apertura y curiosidad por conocer si nuestras etiquetas e imputaciones mentales cuentan en realidad con alguna base.

Cultivar la experiencia de la vacuidad nos proporcionará un contexto para lo que sucede cuando el suelo desaparece de nuestras vidas. Nos dará una forma de enfrentarnos a los momentos más difíciles y desorientadores –la enfermedad, la pérdida y, finalmente, nuestra propia muerte– sin tanta desesperación y rechazo. Desde que empecé a estudiar la vacuidad, en varias ocasiones he experimentado que mi mundo se pone pa-

tas arriba. No diría que la experiencia abrupta de que la burbuja explote ahora sea fundamentalmente diferente, pero contar
con un contexto ya no la hace aterradora ni hace que me sienta
desorientada. No te proporciona un suelo o algo a lo que aferrarte, porque la experiencia en sí misma es de falta de fundamento. Pero conocer la vacuidad hace posible afrontarla con
valentía. Permite apreciar la experiencia como algo que nos
acerca a la verdad.

Cuando nuestra burbuja explota, podemos reconocer que
estamos cruzando una puerta muy importante. Entonces podemos experimentar con pasar el rato al otro lado de esa puerta.
Podemos aprender a relajarnos ahí. Con el tiempo, incluso podemos enamorarnos de la vacuidad, como le gusta decir a Anam
Thubten. Mis maestros y otras personas que he conocido que
han aprendido a vivir en este espacio abierto y libre de significados imputados son las personas más valientes, compasivas
y alegres que he conocido. Son ejemplos vivos de lo que este
tipo de enamoramiento puede llegar a hacer.

# 13. La vacuidad fría

*Cuando dejamos de buscar la familiaridad del samsara, cuando abandonamos la batalla contra el estado de falta de fundamento resultado de la libertad de no imputar un significado, la vacuidad se convierte en una experiencia de maravilla, del espacio infinito e ilimitado.*

Una vez que empezamos a considerar la vacuidad como una experiencia a cultivar en lugar de a evitar, podemos aprovechar las numerosas oportunidades que aparecen en nuestra vida para aprender más sobre ella. Estas no tienen por qué ser impactos repentinos en los que el suelo cede y terminamos en caída libre. A veces podemos conectar con la vacuidad mediante emociones y estados de ánimo menos dramáticos, pero igualmente indeseados. El aburrimiento, la soledad, la inseguridad, la incertidumbre, la ansiedad, el miedo e incluso la depresión son puntos de partida potenciales para aprender a ir más allá de nuestra burbuja de significados imputados y experimentar las cosas tal como son.

El aburrimiento es una experiencia que parece no tener nada que ofrecer, pero que puede servir como una puerta excelente a la vacuidad. A Trungpa Rimpoché le gustaba distinguir entre dos tipos de aburrimiento: el frío y el caliente. El aburrimiento caliente nos resulta más familiar. Luchas contra la experiencia. A veces viene acompañado de una trama argumental, como «No puedo creer que sea así como estoy pasando mi precioso tiempo». Otras veces la historia no es tan relevante. En cualquier caso, consideras que la experiencia es mala y sencillamente quieres rechazarla. La conclusión es que quieres salir de ahí. El aburrimiento frío, por otro lado, empieza básicamente con la misma experiencia, pero en lugar de luchar contra ella o huir, te permites relajarte con ella. Te abres a ella y hasta le das la bienvenida. En otras palabras, está bien.

Si aprendemos a trabajar con nuestro aburrimiento sin rechazarlo, podemos transferir ese conocimiento a nuestra capacidad para trabajar con la falta de fundamento. Si nos acostumbramos a experimentar el aburrimiento sin que luchemos contra él –aprendiendo a relajarnos con él y dejando que nuestra mente se abra para apreciar su cualidad de espaciosidad–, entonces podremos aplicar esta habilidad para trabajar con la vacuidad. Tanto en el aburrimiento caliente ordinario como en la intensidad de la «vida tal como la conoces termina», existe una tendencia similar a tratar de bloquear o evitar nuestra experiencia poniendo algún tipo de suelo bajo nuestros pies. Al entrenarnos en el aburrimiento frío, nos entrenamos en aceptar las cosas como son. Esto nos ayuda a abandonar el hábito de encerrarnos en nuestro relajante mundo de significados familiares e imputados.

Trabajar con la soledad es algo parecido. Cuando la gente habla de sentirse sola, generalmente está hablando de la soledad caliente. Te sientes inquieto. Quieres encontrar a alguien con quien hablar o con quien estar. Sientes que algo anda mal. La lucha continúa hasta que se resuelve el problema desde fuera. La soledad fría, por otro lado, empieza de la misma manera, pero eres capaz de soltar la inquietud y la pugna. Con la soledad fría, te relajas y puedes disfrutar del momento presente. No existe esa misma historia sombría. Porque estás abierto a la experiencia, sientes su naturaleza fugaz y como resultado no te sientes tan encallado.

La inseguridad, la incertidumbre, el miedo y la mayoría de las demás emociones no deseadas tienen su versión caliente y su versión fría. Debido a que estamos mucho más acostumbrados a las versiones calientes, consideramos que estas emociones son muy desagradables –cosas que hay que evitar–. Pero esta misma lucha por evitar esas emociones es lo que las mantiene calientes. En las versiones frías, nos sentimos más tranquilos y despiertos. En lugar de batallar por conseguir algo de suelo bajo nuestros pies, tenemos la voluntad –incluso la alegría– de estar con las cosas tal como son.

También la depresión, que es algo a lo que la mayoría de nosotros tememos, puede ser un excelente campo de entrenamiento para aprender a conectar con la cualidad abierta y espaciosa de la vacuidad. Uno de los efectos comunes de la depresión es que las cosas pierden su antiguo significado. Esa deliciosa taza de té ya no te provoca nada. Llevar esa presen-

tación para el trabajo al siguiente nivel no tiene el significado abrumador que solía tener. Estás en un espacio sin fundamento donde muchos de tus puntos de referencia han desaparecido.

La primera vez que mi vida tal como la conocí terminó, ese
día tan lejano en Nuevo México, entré en un período de profunda depresión. Recuerdo estar sentada todo el día en un sofá,
casi catatónica. Incluso cuando sentía retortijones de hambre,
estos no tenían el significado que antes les imputaba. Sabía que
esa sensación significaba que debía comer algo, pero estaba
demasiado deprimida como para levantarme.

La experiencia me catapultó a un nuevo lugar en mi vida.
Durante mucho tiempo, la principal manera de lidiar con esa
sensación desconocida e infundada fue patalear y gritar, pero
al final fui capaz de cambiar un poco mi visión. Aunque la
sensación de depresión siguió siendo la misma, conseguí dis-
tanciarme un poco de ella. Entonces, en algún momento, pude
aprender lo que la experiencia tenía que enseñarme. Las experiencias dolorosas, incluyendo la depresión, contienen algo
muy rico que ofrecernos.

Cuando empezamos a sentir insinuaciones de falta de sentido, como nos pasa a la mayoría de nosotros, tenemos la oportunidad de cambiar nuestra visión. Cuando la depresión es ligeramente leve –antes de que penetre en ti por completo y se
convierta en un estado mental incapacitante–, puedes pensar
que la incomodidad por la que estás pasando es como una depresión caliente. Y, desde esa perspectiva, por lo menos pue-

des considerar la idea de que es posible experimentar una depresión fría.

Parece extraño llamar a la depresión «caliente» porque no parece muy jugosa ni caliente en absoluto, pero la sensación básica es «Quiero que esto desaparezca» o «Esto es algo horrible». Así que, en lugar de seguir esa reacción habitual, podríamos pensar: «Tal vez podría experimentar esta depresión desde una perspectiva fría o al menos tener curiosidad sobre la posibilidad de saborear bien esta falta de fundamento». Si hacemos esto sin batallar demasiado, si somos delicados y afectuosos con nosotros mismos en este proceso, entonces tal vez podamos experimentar la depresión como una puerta a la sabiduría de la vacuidad. Podríamos experimentar con los sentimientos no deseados durante cortos momentos. Aunque solo duren dos segundos y medio, cada uno de esos instantes nos ayudará a conocer un poco mejor la vacuidad, hasta que esta sea menos atemorizante para nosotros.

Poco a poco, nuestra relación con la vacuidad pasará de ser caliente a ser fría, y descubriremos cuánto gozo y libertad se encuentra en el estado abierto que existe en el exterior de nuestra burbuja habitual. Cuando dejamos de buscar la familiaridad del *samsara*, cuando abandonamos la batalla contra el estado de falta de fundamento resultado de la libertad de no imputar un significado, la vacuidad se convierte en una experiencia de maravilla, del espacio infinito e ilimitado.

Sin embargo, incluso si sentimos atracción o curiosidad por la vacuidad, no podemos tomar la decisión de vivir sin algún significado imputado sin más. No podemos decir: «Voy a ver lo que se ve tras la ventana sin atribuirle un significado».

Es imposible porque estamos muy atrapados en cómo vemos las cosas habitualmente. Este hábito es más profundo de lo que creemos. Pero cuando el aburrimiento, la soledad, la depresión y otros sentimientos no deseados aparecen, podemos usarlos para que nos ayuden a despojarnos del significado imputado. Cada vez que nos dirigimos hacia la investigación y la exploración –en lugar de la batalla y la huida–, estamos desmantelando por completo la manera en que imputamos significado a las cosas. Si hacemos esto el tiempo suficiente, nuestra burbuja de ego se desgastará naturalmente, sin ningún esfuerzo extra de nuestra parte. La verdadera naturaleza de cómo son las cosas estará cada vez más disponible para nosotros.

# 14. Experimentar el ahora

*Cada vez que estamos entre esto y lo otro, cada vez que una cosa ha terminado y estamos esperando que empiece la siguiente, cada vez que tenemos la tentación de distraernos o de buscar una ruta de escape, podemos permitirnos ser abiertos, curiosos, tentativos, vulnerables.*

Cuando doy una enseñanza sobre la vacuidad o la conciencia abierta y quiero ayudar al público a tener una experiencia directa en ese momento, a veces pido que todos los asistentes se pongan de pie conmigo. Todos respiramos a la vez y levantamos las manos por encima de la cabeza. Luego exhalamos al unísono y dejamos que nuestros brazos caigan para que las manos golpeen contra los muslos. He hecho esto con hasta seiscientas personas. Puede llegar a ser extremadamente ruidoso.

Este ejercicio crea una oportunidad para que la gente experimente un momento de apertura libre de etiquetas e imputaciones. Después de la palmada, simplemente relajamos nuestra mente tanto como podemos. Lo que sea que pase luego está bien. Algunas personas experimentan una brecha en el espacio abierto. Algunos empiezan a hablar solos. Algunos se ponen tristes, se irritan o se quedan adormilados. Algunos piensan: «No entiendo qué es esto». Pero, pase lo que pase, no hay problema. No tiene que haber ninguna experiencia especial. Lo principal es que la gente esté abierta, con la actitud relajada de permitir que todo ocurra, sin rechazo ni juicios de valor. La intensa palmada crea una oportunidad para un hueco en nuestro proceso conceptual, pero si uno no experimenta ese hueco, no hay nada de qué preocuparse. Es una práctica profunda para dejar las cosas tal como son.

Si ves la vacuidad como algo deseable de cultivar –o incluso de enamorarte de ella–, siempre puedes encontrar formas de conectar con ella en tu vida cotidiana. Una manera fácil de practicar la vacuidad es sencillamente hacer una pausa. Puedes hacer lo siguiente cuando lo recuerdes. Es muy sencillo. Disminuye la velocidad y para de golpe. Pon atención, y entra en contacto con el momento presente. Hacer esto rompe la corriente de conceptos y el parloteo mental que se superpone a tu experiencia. Te permite entrar en contacto con la intemporalidad del momento presente, lo que Trungpa Rimpoché tan hábilmente llamó «el ahora».

Cuando vivimos nuestros días ocupados y se nos impone un retraso que nos irrita, podemos aprovechar la situación haciendo esta práctica de pausa. Por ejemplo, estás en el descanso para el almuerzo y tienes que ir a la oficina de correos. Te encuentras en una larga cola que no avanza. En lugar de quedarte ahí plantado y rabiando, puedes dejar de hablar, relajarte y entrar en contacto con el momento presente. Entonces la oficina de correos y la gente que hay en ella puede convertirse en una experiencia fascinante.

De hecho, puedes ver lo que tienes delante de tus ojos y escuchar lo que te llega a los oídos. Es como si se hubieran limpiado las puertas de la percepción. Hace un momento, estabas atrapado, inquieto o harto de aburrimiento, y ahora tu experiencia se transforma en algo vívido y maravilloso. Estás libre de conceptos tales como «pobre de mí» o «no tengo tiempo para esto», y disfrutas de la novedad.

He oído que en el Tíbet, en la antigüedad, la única manera en que las mujeres podían alcanzar la iluminación era practicando en las pausas de sus plenas y ocupadas vidas. Pero estaban tan comprometidas con el despertar que aprendieron a reconocer y apreciar las muchas oportunidades que se les presentaban. Cualquier momento de lo «intermedio» –esperar a alguien, caminar de un lugar a otro, ordeñar una vaca– se convertía en una oportunidad valiosa. En lugar de pensar en lo que acaba de ocurrir o de planear lo que podía suceder después, disfrutaban del espacio para hacer una pausa de la mente conceptual y entrar en contacto con el ahora. Tenemos muchas oportunidades similares en nuestras propias vidas. Cada vez que estamos entre esto y lo otro, cada vez que una cosa ha terminado y estamos esperando que empiece la siguiente, cada vez que tenemos la tentación de distraernos o de buscar una ruta de escape, podemos permitirnos ser abiertos, curiosos, tentativos, vulnerables.

Es posible conectar con el ahora en los momentos en que nos sentimos desorientados y desestabilizados. Estos son los momentos en los que no estás seguro de qué hacer y cuáles serán los efectos de tus acciones. Esto sucede a menudo cuando tienes problemas para tomar una decisión importante. No sabes si aceptar una oferta de trabajo, o dónde deberías mudarte, o qué consejo médico deberías seguir. Quieres ayudar a alguien que lo necesita, pero no sabes cómo. No estás seguro de si es hora de arriesgarse o de apostar a lo seguro. O tal vez se trata solo de un pequeño dilema, como la ropa que debes ponerte o lo que debes pedir del menú.

En todos estos casos, te gustaría llegar a una conclusión concreta, pero no hay manera de llegar a nada definitivo. Como resultado, te sientes vulnerable y sin fundamento. Pero si prestas atención y te mantienes presente en estas situaciones, puedes encontrar una oportunidad para entrar en contacto con la sabiduría del ahora, con la cualidad abierta e impredecible de cómo son siempre las cosas.

Una vez asistí a una charla en la Abadía Gampo a cargo de Khenchen Thrangu Rimpoché, el abad del monasterio. Cuando dejó de hablar, uno de los monjes hizo sonar un gong para indicar que la enseñanza había llegado a su fin. Aunque esa es la costumbre en la Abadía Gampo, Thrangu Rimpoché pensó que el gong indicaba el comienzo de una sesión de meditación. Así que durante la siguiente hora y media, se sentó en su cojín, totalmente relajado, moviéndose ligeramente para cambiar el peso de su cuerpo de vez en cuando. Los miembros de la audiencia no estábamos exactamente seguros de lo que estaba sucediendo, así que también nos quedamos sentados allí todo el rato, en un estado de desconocimiento. ¿Estaba esperando a que termináramos o nosotros lo estábamos esperando a él? Cada uno de nosotros debió tener su propia manera de estar en esa situación –desde relajarse con la falta de fundamento hasta querer gritar–, pero ser testigo de la comodidad de Thrangu Rimpoché me dio una profunda apreciación de cómo uno puede sentirse cómodo con el ahora, con la vacuidad en la vida diaria.

En la tradición zen, los maestros utilizan *koans*, que son preguntas que no tienen respuestas –al menos según la mente fija y el pensamiento dualista–. Tal vez el *koan* zen más famoso es «¿Qué sonido hace una sola mano aplaudiendo?». Esto puede sonar como una práctica altamente esotérica, pero si estamos en sintonía con la forma en que en realidad son las cosas en este mundo –libres de significado imputado e imposibles de determinar–, nos daremos cuenta de que la vida se nos presenta continuamente con *koans*.

Para la mayoría de nosotros, estos momentos de ambivalencia suponen experiencias negativas de las que tendemos a huir. Pero para los practicantes espirituales, estos *koans* pueden ser medios con los cuales despertamos y nos damos cuenta de todo el potencial de nuestro corazón y nuestra mente. En lugar de intentar responder de forma inmediata a las preguntas abiertas que nos presenta la vida, podríamos experimentar con relajarnos con esta sensación de ambivalencia, aunque solo sea por un instante.

Pero incluso cuando la vida no nos ofrece oportunidades de falta de fundamento y vulnerabilidad, también podemos encontrar maneras de conectarnos con la vacuidad del día a día, de conectarnos con el ahora. Una práctica que me gusta especialmente es tomar fotos instantáneas mentales. Puedes empezar cerrando los ojos. Después gira la cabeza hacia cualquier dirección: arriba, abajo, hacia los lados. No importa en qué dirección. La idea es que no estés exactamente seguro de lo que verás cuando abras los ojos. Luego abre los ojos de repente y mira lo que tienes delante. De forma casi inmediata, volverás a etiquetarlo todo, pero intenta observar ese momento antes de que la mente empiece a etiquetar. De una manera relajada y abierta, trata de tomar una foto mental de ese instante, que está vacío de significado imputado.

Puedes hacer esto durante todo el día, dondequiera que estés. No necesariamente tienes que cerrar los ojos primero, pero eso puede ayudarte a dominar la práctica. Si eres un fotógrafo u otro tipo de artista, este tipo de actividad puede que te parezca natural, pero trata de adaptarla a una práctica de vacuidad, una manera de conectar con el ahora. También puedes hacer esta práctica con otras percepciones. Por ejemplo, de repente puedes tomar conciencia de los sonidos que estás escuchando y tratar de observar ese momento antes de que los identifiques y decidas si te gustan o no.

La práctica de las fotos instantáneas nos proporciona una visión de cómo es la mente de un meditador que ha ganado experiencia en ver las cosas tal como son. Para una persona así, hay un continuo sentimiento de sorpresa. Te sorprende que las cosas no sean como pensabas que eran, o bien que *sean* como pensabas que eran. Esta es la percepción fresca y poco convencional del artista-meditador. Trungpa Rimpoché, que nos enseñó esta práctica de las fotos instantáneas, estaba apasionadamente involucrado con las artes. Sus fotografías son muy interesantes. Hay una en la que en un lado se ven las dos últimas letras de un enorme letrero de una gasolinera. Luego hay un espacio muy grande, y en la esquina opuesta de la foto están las dos primeras letras de otro cartel. Todo se une en este momento, hermoso y atemporal.

Todas estas prácticas de vacuidad cotidiana tratan de la conexión con la frescura de cada momento. Para los niños pequeños, esa frescura está mucho más disponible. Pero también está disponible para los adultos. A veces esa frescura se nos impone, como en el caso de un shock repentino. Otras veces tenemos que cultivarla de forma intencionada. Pero sea como sea que nos llegue, la idea es valorar estos momentos como vislumbres de una verdad mayor que se esconde detrás de nuestro proceso habitual de etiquetado. Si seguimos buscando y aprovechando estas oportunidades, nuestro sistema nervioso aumentará su capacidad para mantener la incertidumbre, la ambigüedad y la inseguridad. Si continuamos aventurándonos a salir de nuestra zona de confort y desarrollamos nuestra tolerancia a tales sentimientos, nuestras vidas cambiarán. En lugar de tener la sensación de que tenemos que usar una armadura para defendernos mientras hacemos las tareas del día, tendremos la sensación de que estamos viendo una película. Uno de los grandes resultados de practicar de esta manera es que sentimos que no tenemos nada que perder.

# 15. Nacimiento y muerte de cada instante

*Nacimiento y muerte, nacimiento y muerte..., una y otra vez, continua y eternamente. A medida que nos acostumbramos más a este flujo, comenzamos a ver las cosas de una forma más fresca.*

Cuando empezamos a explorar la vacuidad, ponemos el pie en un mundo que existe fuera de la burbuja de nuestras etiquetas e ideas fijas. Comenzamos a sintonizar con la naturaleza fluida y escurridiza de cómo son las cosas en realidad. En muchos sentidos, es fácil apreciar la maravilla y la belleza de esta realidad. El día se convierte en noche y de nuevo en día, la luna crece y mengua, las estaciones pasan por sus cambios dramáticos y sutiles. Cuando una flor florece y luego empieza a marchitarse, aceptamos la emoción de ese cambio. Aunque la descomposición de la flor nos entristezca, podemos apreciarla como parte del movimiento de la vida. Imagínate cómo sería si las cosas existieran de una manera fija. ¿Acaso la vida no se volvería muy pronto aburrida?

En las enseñanzas budistas, sin embargo, el tema de la impermanencia conduce de forma invariable a la palabra que empieza por eme. Para la mayoría de nosotros, pensar en la muerte no está dentro de nuestra zona de confort. La inevitabilidad de nuestra propia muerte y de la muerte de nuestros seres queridos no es tan fácil de aceptar como el cambio de las estaciones. Esto es especialmente cierto si vivimos en una cultura en la que la muerte suele mantenerse oculta, como sucede en gran parte del mundo occidental.

Cuando tenía treinta y tantos años, vivía con mi familia en un pueblecito de México, donde la actitud hacia la muerte era muy diferente a la que yo estaba acostumbrada. No había tanta necesidad de esconderla. Por ejemplo, cuando un bebé moría, el pequeño ataúd se llevaba por la ciudad sobre la cabeza de alguien. Por supuesto, la gente de la aldea estaba muy triste y echaba de menos a sus seres queridos cuando morían. No estaban desconectados de sus sentimientos. Pero no había una actitud de «¡No, no! Esto no debería estar sucediendo». Cuando iba con mi familia desde donde vivíamos hasta la plaza, pasábamos por una funeraria donde los cuerpos de los muertos se podían ver a través de un ventanal. Un día mis hijos llegaron tarde a casa. Dijeron que habían tomado un camino más largo para evitar ver los cadáveres. Pero más adelante, cuando nos fuimos del pueblo, se sentían más cómodos al ver la muerte y todos nos habíamos familiarizado con esos lugares.

He visto morir a mucha gente. Cuando las personas han establecido una relación con la muerte, por lo general son capaces de soltar y hacer la transición más fácilmente. Pero si temen la muerte, presenciar ese momento puede llegar a ser doloroso. Se puede apreciar el terror en sus ojos como si estuvieran siendo empujados a un pozo sin fondo. Después de haber sido testigo de estos dos tipos de muerte, sé qué camino quiero tomar. Esta ha sido una inspiración muy importante para mí para seguir contemplando la muerte. Ahora, después de haber trabajado con ella durante mucho tiempo, ya no veo la muerte como algo aterrador. Y he empezado a enseñar más a menudo sobre la muerte, porque siento que tenerle tanto miedo es realmente innecesario.

Hace poco empecé a hacer una práctica que me ha ayudado a profundizar en mi propia relación con la muerte. Surgió de una conversación que tuve con Anam Thubten Rimpoché. «Esta mañana estaba con mi amigo», me dijo.

Estábamos en una tienda de arte comprando pinceles, tinta y papel para poder hacer caligrafía juntos. Ahora ese recuerdo es como una vida pasada. Se acabó para siempre y no sucederá otra vez así. Surgió, duró un tiempo y después se terminó, para no regresar nunca más. Ahora estoy aquí contigo. Estamos hablando, hay una mesa entre nosotros, hay fotos en la pared y estamos juntos en este espacio. Después esta experiencia habrá terminado. Será otro recuerdo. Pasará y no volverá a ser lo mismo. Tú y yo estaremos en otra vida. Esta mañana fue como una vida pasada, nuestra conversación de ahora pronto será otra vida pasada, y luego habrá otra vida después de eso. Las cosas están continuamente naciendo y cesando. Y seguirá siendo así, en un flujo continuo por toda la eternidad.

Normalmente pensamos en el nacimiento y la muerte en términos del ciclo completo por el que pasa este cuerpo, el cual puede desplegarse a lo largo de muchas décadas. Pero cada día, pasamos por ciclos continuos de nacimiento y muerte. Cada suceso de nuestras vidas tiene un principio, un momento intermedio y un final. Primero, se origina; nace. Después termina; muere. Y entre estos nacimientos y muertes, existen muchos momentos más pequeños con sus propios nacimientos y muertes. Cada día está hecho de innumerables momentos, y cada uno de estos preciosos momentos termina y se convierte en una vida pasada. Me quedé con lo que me dijo Anam Thubten y decidí probarlo como una práctica. Pienso en esto como un ejercicio para reconocer el nacimiento y la muerte de cada instante. También he recomendado esto a muchas personas, y las respuestas que he recibido sugieren que muchos de los que hacen esta práctica con el tiempo perderán el miedo a la muerte. Hace que la muerte se vuelva tan familiar que deja de ser amenazante.

La práctica es muy simple. Recuerda un evento o un momento de ayer o de hoy. Contempla cómo se ha ido para siempre, como una vida pasada. Sigue haciendo esto una y otra vez. Hazlo cuando te acuerdes –cuando te levantes por la mañana, cuando no puedas dormir por la noche, simplemente cuando se te ocurra–. Si sigues con esta práctica con regularidad, y la mantienes actualizada, empezarás a tener la sensación de entrar en el flujo de la impermanencia. Experimentarás directamente cómo nada existe de una manera fija. Nacimiento y muerte, nacimiento y muerte, una y otra vez, continua y eternamente.

A medida que nos acostumbramos más a este flujo, empezamos a ver las cosas de una manera nueva. Sentimos la singularidad de cada momento. Pongamos que estás sentado en algún sitio con este libro ahora mismo. Hay sonidos y olores, algunos naturales y otros no naturales. La luz y el aire tienen sus propias cualidades fugaces y sutiles. Tu cuerpo está pasando por muchas sensaciones: calor, frío, tensión, relajación, etc. Cada instante es como una viñeta, y cada viñeta se desvanece en el pasado, para no regresar nunca más.

En todas estas experiencias, parece haber alguien que las experimenta. Ese alguien eres «tú», la persona que tiene tu nombre. Pero al contemplar el nacimiento y la muerte de cada momento, empiezas a darte cuenta de que el «tú» y el «yo» no tienen identidades fijas. El desayuno de esta mañana, la llamada telefónica de anoche, el recado de ayer, cada viñeta que has vivido es experimentada por el «tú», pero ese «tú» sigue cambiando. El personaje principal de una escena desaparece, y es remplazado por el personaje principal de la siguiente escena. Es un «tú» diferente en cada escena. Incluso el «tú» que comenzó a leer este capítulo ya no está aquí. Tú y yo estamos continuamente disolviéndonos y reagrupándonos, experimentando una y otra vez la muerte y el renacimiento.

Thich Nhat Hanh, que tiene una forma muy poética de decir las cosas, habla de cómo nuestro cuerpo es como un río. Todas las células son como gotas de agua que burbujean y desaparecen todo el tiempo. Y exactamente lo mismo sucede con nuestra mente, con todas sus percepciones, pensamientos y sentimientos efímeros. Podemos identificarnos con nuestros valores, nuestras opiniones o nuestra personalidad, pero todo esto está cambiando continuamente. No existe ningún aspecto del «yo» o el «tú» que no experimente un flujo continuo de nacimiento y muerte. Esto aparecerá para nosotros a medida que sigamos experimentando con esta práctica.

Según te vayas familiarizando con el nacimiento y la muerte de cada instante, descubrirás otros beneficios. Comprenderás que hay continuas e interminables oportunidades para comenzar de nuevo. En cada momento nuevo, una vida termina y otra empieza. Esto significa que siempre tienes otra oportunidad. Nunca puedes estar encallado. Por ejemplo, algo sucede y tu reacción habitual es sentirte inseguro. Entonces piensas: «Estoy inseguro. Soy una persona insegura. Esto es lo que soy». Pero una hora después no tienes esa experiencia de inseguridad. Es como si ya no fueras la misma «persona insegura». Ese momento ha muerto y forma parte de una vida pasada. También lo ha hecho la persona que experimentó ese momento de inseguridad. Ahora tienes otra oportunidad. Y si vuelves a sentirte inseguro, tienes otra oportunidad, y otra oportunidad después de eso. Se puede hacer lo mismo muchas veces, incluso meter la pata hasta el fondo, pero la cantidad de nuevos comienzos que tienes no tiene fin. No existe ningún «tú» fijo condenado a permanecer en la misma rutina para siempre. De esta manera, la muerte que ocurre a cada momento es una gran bendición.

Hay un eslogan tradicional tibetano de entrenamiento mental que dice: «Considera todos los *dharmas* como un sueño». Trungpa Rimpoché reformuló esto como: «Mira las cosas como si fueran un recuerdo pasajero». Cuando hacemos la práctica de reconocer el nacimiento y la muerte de cada instante, esto se convierte en nuestra forma natural de ver las cosas. Nada de lo que sucede en nuestras vidas es más fijo o sólido que un recuerdo pasajero. Si podemos empezar a experimentarlo de verdad, esto enriquecerá enormemente nuestra vida y nuestra muerte.

# 16. Imagina una vida sin ego

*El Dharma a menudo habla de superar el ego e incluso de alcanzar un estado irreversible de falta de ego, pero para muchos de nosotros esto sencillamente parece una teoría. Es como si las enseñanzas se refirieran a un plano de existencia que se halla en algún lugar más allá de nuestro mundo humano. Pero superar el ego es algo que cualquiera de nosotros puede hacer.*

«Te has divorciado de tu marido y ahora deberías divorciarte de Pema Chödrön.» Unos cuantos veranos atrás, recibí este mensaje críptico de parte de Anam Thubten Rimpoché. Cuando le pregunté a qué se refería, me dijo que se trataba de un mensaje inocente y no me dio más explicaciones. Pero más tarde, cuando estaba haciendo un retiro de meditación, vislumbré a qué se refería.

Vida tras vida, he nacido y he recibido un nombre, y vida tras vida me he identificado completamente con esa persona. Caí en la cuenta del desperdicio que esto ha supuesto. Qué desperdicio seguir siendo engañada de la misma manera, y seguir perdiendo una oportunidad tras otra para experimentar la relajación profunda de estar con las cosas tal como son.

Como todos los seres sintientes, tengo una experiencia continua, momento a momento. Mis cinco sentidos experimentan visiones, sonidos, olores, sabores y sensaciones táctiles, y mi mente experimenta pensamientos y emociones. Esto no es en absoluto ningún problema. Esto es lo que significa estar vivo, una bendición asombrosa y maravillosa.

Pero lo triste es que me he seguido identificando con la persona que experimenta todo esto. Esto se ha convertido en la ilusión de una entidad continua, fija y separada, que a lo largo de las últimas décadas he considerado como «Pema Chödrön». Debido a esta sensación de ser un sujeto solido e inmutable que experimenta, me he quedado encallada, una vez más. Me he encontrado en esta situación en la que Pema Chödrön está «en contra» de su experiencia, o Pema Chödrön está «a favor» su experiencia, o Pema Chödrön es «indiferente» a su experiencia. Y de estas tres reacciones básicas, surge todo tipo de emociones intensas, acciones dañinas y resultados dolorosos.

Mientras seguía haciendo la contemplación, me pregunté qué podía hacer de forma diferente en esta ocasión. ¿Cómo puedo divorciarme de esta Pema Chödrön? ¿Es posible hacerlo? ¿Cómo sería seguir viviendo, experimentando y funcionando sin identificarse con una persona fija? O, para usar una terminología más budista, ¿cómo sería vivir sin ego?

El *Dharma* a menudo habla de superar el ego e incluso de alcanzar un estado irreversible de falta de ego, pero para muchos de nosotros esto sencillamente parece una teoría. Es como si las enseñanzas se refirieran a un plano de existencia que se halla en algún lugar más allá de nuestro mundo humano. Pero superar el ego es algo que cualquiera de nosotros puede hacer.

La razón por la que es posible vivir sin ego es porque el ego es una falsa identidad. Pema Chödrön es mi nombre, pero no es lo que soy. Tengo muchas otras etiquetas: «maestra», «monja», «americana», «anciana», etc., pero ninguna de ellas es lo que soy. No hay forma de reducir una persona a un mero nombre, a unas pocas palabras o incluso a una cantidad de palabras. Nuestros nombres y etiquetas tienen el propósito práctico de ayudarnos a conceptualizar y comunicarnos, pero no son lo que somos.

El camino para trascender el ego es dejar de creer en estas identidades vacuas. Incluso las personas iluminadas conservan un sentido de ser. Tienen la sensación de habitar un cuerpo; un cuerpo en particular que es viejo o joven, masculino o femenino, alto o bajo, de color oscuro o claro. Pero lo que no tienen es un sentido de pertenencia o identificación con su cuerpo o su persona. Pueden hacer cosas sin identificarse con alguien que hace las cosas, pueden tener experiencias sin que haya ningún sujeto fijo que experimente, pueden tener pensamientos sin alguien que piense.

Esta forma de ser puede parecer extraña, pero puedes experimentar con ella y tener una idea de lo que es. Por ejemplo, cuando comas, piensa en lo que significaría comer sin identificarte con alguien que está comiendo. Cuando te muevas, explora la posibilidad de moverte sin que haya un sujeto que se mueve. Cuando veas o escuches, pregúntate cómo sería hacerlo sin un oyente o un observador. Cuando medites, trata de hacerlo sin que haya ningún meditador. Hagas lo que hagas, intenta tener la sensación de que los fenómenos se están desarrollando sin la presencia de una persona que reacciona o trata de controlar la experiencia. Esto está en la línea del consejo de Thogme Zangpo de no «entretener las fijaciones sujeto-objeto». Hagas lo que hagas, mira si puedes experimentarlo directamente, sin ninguna separación entre lo que eres y lo que estás haciendo.

No hay ninguna garantía del descubrimiento que puedas hacer mediante este experimento, pero es posible que te encuentres conectando con una experiencia libre y no conceptual de solo comer, solo caminar, o lo que sea que hagas, sin este sentimiento de *yo*, el comensal, el caminante. Cuando esto sucede, estás saboreando lo que es vivir sin ego.

La diferencia entre vivir con y sin ego es como la diferencia entre «estático» y «fluido». Debido a que la tendencia del ego es resistirse a la naturaleza abierta y vacua de cómo son las cosas, cuando nuestra experiencia está dominada por el ego, nuestras percepciones se congelan y pierden su viveza.

Cuando era joven, tuve un sueño muy interesante, que ha permanecido vivo en mi memoria hasta el día de hoy. Estaba en un estado fluido sin ningún sentido de oposición –ningún «yo» contra «ti», o «yo» contra nada–. Solo había un sentimiento de apertura que parecía dinámico y lleno de vida. La palabra que me venía a la mente era «proceso». Reconocí cómo todo estaba en proceso: moviéndose, creciendo, viviendo. Tenía un profundo sentido de lo que era ser yo y de lo que era estar en intercambio con todo lo que mis sentidos percibían. Y tuve el pensamiento: «Nada es como parece ser». Me di cuenta de que la forma fija y sólida en que normalmente percibía las cosas no era más que una ilusión.

Cuando me desperté, fue muy impactante. Abrí los ojos y, de repente, ahí estaba yo, de vuelta en este mundo congelado. Mis percepciones sensoriales eran otra vez las de ver todas las cosas como si fueran fijas. Parecía que todo estaba hecho de plástico, como ese *sushi* de plástico que exhiben en la puerta de algunos restaurantes japoneses. Recuerdo que esto me resultó muy deprimente. Había tenido una experiencia de algo que me parecía la verdad, pero no había manera de regresar allí.

Años más tarde, cuando empecé a escuchar las enseñanzas budistas sobre la vacuidad y la inexistencia de ego, utilicé ese sueño como punto de referencia. Resonaba con las palabras que Trungpa Rimpoché y otros maestros usaban: «dinámico», «fluido», «en proceso», «vivo». Pero estos maestros no solo me dieron una idea de cómo se siente la experiencia de la inexistencia del ego, sino que también me señalaron el camino para poder cultivar gradualmente la liberación del ego.

Si el ego es un problema tan grave, al parecer la solución más natural sería deshacerse de él. ¿No es como cuando tienes a alguien en tu oficina, comunidad o familia que es una piedra enorme en el zapato? Quieres deshacerte de esa persona, o al menos desearías no tener que volver a verla o tratar con ella de nuevo. Es una respuesta normal a la dificultad. Y con todas las enseñanzas que nos explican cómo el ego es el mayor causante de problemas en nuestras vidas –la piedra más grande en un zapato–, ¿por qué no tratamos de deshacernos de él sin más?

La idea de que necesitamos deshacernos del ego es un malentendido que muchas personas, incluyendo los practicantes budistas experimentados, comparten. La noción de que necesitamos deshacernos de algo que está en nuestro interior es una forma de intensificar nuestra lucha interior. Solo hace que inflamar nuestra tendencia a no ser amigables con nosotros mismos. Lo que el Buda enseñó en lugar de eso es el método de no rechazar.

En lugar de deshacernos del ego, la idea es volverse muy consciente del ego y de cómo funciona. Solo conociendo de forma muy íntima el ego, este perderá su poder para mantenernos dando vueltas en el *samsara*. El ego se manifiesta de todas las innumerables maneras en que nos resistimos a lo que hay. Está ahí en todos nuestros esfuerzos por alejar lo que no queremos y atraer lo que sí queremos. Se deja ver en todas nuestras perspectivas sólidas, opiniones e ideas fijas. Está presente en las formas en que nos identificamos, como «débil», «fuerte», «inservible», «sabio», «competente», «indigno», etc.

El meollo de la práctica es darse cuenta de todo esto y descansar en medio de ello, sin tratar de arreglar ni alterar nada. Sea lo que sea que surja, podemos practicar el simple hecho de estar ahí con tanta tranquilidad, curiosidad y apertura como sea posible. Podemos trabajar en darnos cuenta y experimentar toda esta actividad de nuestra mente, sin hacer otra cosa con ella que no sea simplemente darse cuenta.

Nuestro viaje hacia la vida sin ego es aprender a soltar, relajarse, hacer un intento y esperar a ver qué pasa, y nunca reducirnos a nada. Este es nuestro camino, en el que podemos seguir trabajando todos los días, en la medida de nuestras posibilidades. Esto es lo que me he propuesto hacer para mí misma, en mi esfuerzo por divorciarme de Pema Chödrön. Es un divorcio amistoso y uno que sé que llevará tiempo. Pero seguro que no quiero perder otra vida tomándome a esta persona actual, tan fugaz y frágil, de una manera tan seria.

# 17. Nuestra sabiduría cambia el mundo

*Que la distracción y la agresión proliferen globalmente o que la paz y la armonía se fortalezcan depende de cómo nosotros, como ciudadanos del mundo, nos sintamos con respecto a nosotros mismos.*

No podemos tener una sociedad iluminada, o un mundo sano y pacífico, si los individuos que la componen están encallados en una mente pequeña y fija. Debido a nuestra capacidad individual para conectar con una gran mente y un gran corazón –en otras palabras, con nuestra bondad básica–, podemos manifestar una cultura en la que las personas se cuidan a sí mismas y unas a otras. Podemos tener una sociedad donde vemos el potencial del otro, en lugar de vernos como si fuéramos personas inservibles o estropeadas.

Para la mayoría de nosotros, este es un trabajo en desarrollo. Puedo ver la bondad y el potencial de cuatro personas, pero luego me encuentro con alguien que me saca de mis casillas y pienso: «¡De esta persona no estoy tan segura!». Y, tristemente, a veces tú mismo eres el que más duda de tu bondad básica.

Este tipo de imagen deficiente de uno mismo es especialmente frecuente en nuestra cultura. No me gusta idealizar la cultura tibetana, pero una cosa que he escuchado y observado es que los tibetanos no cuestionan si su naturaleza básica subyacente es buena. Por ejemplo, si alguien se da cuenta de que tiene celos, no piensa: «Esto significa que soy intrínsecamente celoso» o «Esto demuestra que soy una mala persona». Lo ve más como un patrón habitual temporal y que se puede eliminar. Debe hacer frente a los celos, pero estos no son un aspecto permanente de su carácter.

Cuando Su Santidad el Dalai Lama comenzó a reunirse con maestros budistas occidentales, le contaban cómo sus estudiantes a menudo expresaban cómo se autodenigraban. Incluso los maestros tenían a menudo una visión negativa de sí mismos. Para el Dalai Lama, al principio, esos términos no resultaban comprensibles. Tener una mala imagen de uno mismo era algo completamente ajeno a cómo se veía él a sí mismo y a los demás. Eso quedaba muy lejos de la naturaleza abierta y básicamente buena que sabía que todos poseían. No tenía sentido que la gente pudiera ser tan dura consigo misma, tan crítica, incluso hasta el punto de odiarse a sí misma.

Alguien le preguntó una vez al Dalai Lama cómo se podía mantener la visión de la bondad básica cuando había tanta maldad en el mundo. Respondió hablando de los niños muy pequeños, que casi siempre son bondadosos y considerados, abiertos y generosos. Esto coincide con algunos estudios de investigación que han llegado a mis oídos acerca de cómo los niños pequeños se relacionan con el mundo. Cuando se les enseñan fotos de otros niños felices o amables, incluso de animalitos, los niños pequeños sonríen. Pero cuando ven fotos de crueldad o de niños heridos, se sienten infelices. Estos hallazgos demuestran que en los primeros años de vida, antes de que se consoliden un gran número de ideas fijas, la cualidad de la naturaleza humana básica es amorosa. El Dalai Lama explicó que a medida que crecemos, surgen causas secundarias que oscurecen nuestra naturaleza amorosa y abierta. Por ejemplo, cuando llegamos a la adolescencia, gran parte de nuestro karma pasado madura, de una manera que a menudo tiene como resultado la confusión. Pero estos oscurecimientos son solo temporales, como nubes moviéndose en un día despejado y que tapan el sol. Nuestra bondad básica no ha desaparecido y no tiene que ser reconstruida. Solo tenemos que aplicar métodos eficaces para desvelarla.

Para trabajar con esto, he descubierto que es muy útil practicar el contacto intencionado con la bondad básica. De algún modo, el objetivo de hacer esto es ayudarme a conectar con el espacio abierto e imparcial que siempre está disponible para todos nosotros. Pero al mismo tiempo, se trata de ver con mucha claridad qué es lo que nos impide conectarnos con la apertura de nuestro ser. En lugar de poner toda nuestra atención en el sol, también reconocemos las nubes que tapan el sol. Si tratamos de concentrarnos en nuestra bondad básica, pero sentimos que básicamente hay algo mal en nosotros, entonces la práctica será ineficaz y es muy probable que sea improductiva.

Es como despertarse en un día nublado y decir que el sol no brilla. Pero, por supuesto, el sol siempre está brillando. Nunca desaparece. Necesitamos familiarizarnos con las nubes, y si de verdad intimamos con ellas, veremos cuán insustanciales son. Su densidad y solidez se desmoronan, y vemos que el sol de la sabiduría nunca ha dejado de brillar. Y esa calidez y claridad están siempre disponibles para nosotros.

La sensación de que «hay algo intrínsecamente mal en mí» es una de las nubes más importantes con las que podemos intimar. Aquí tienes una manera de abordarlo. Cierra los ojos y mira en tu interior para ver si puedes contactar con ese sentimiento de deficiencia. A veces ayuda recordar un caso en el que ese sentimiento surgió con fuerza en ti. Se dijo o sucedió algo que desencadenó tu hábito de sentirte mal contigo mismo. Sacar a relucir esa memoria puede ayudarte a conectarte con el sentimiento.

Ahora hazte un par de preguntas. La primera es: «¿Este sentimiento depende de un diálogo interno, de una trama argumental?». En otras palabras, si miramos detrás de las palabras de la trama argumental, ¿sigue ahí ese sentimiento? Y la segunda pregunta es: «¿Qué significaría para mí aceptar este sentimiento con amabilidad? ¿Qué significaría para mí dejarlo ser?».

La primera pregunta es importante porque, si no hacemos el esfuerzo de mirar detrás de las palabras, el relato tiende a seguir sin parar, a querer resolver la cuestión o a hacernos sentir peor con respecto a nosotros mismos. En lugar de eso, tratamos de encontrar la simplicidad de toda la situación, sin todas las consecuencias, sin avivar el fuego escalando la trama argumental.

Todo puede volverse mucho más simple, pero ¿sigue ahí el sentimiento? Cuando empecé a experimentar con esto, recuerdo que pensé que si abandonaba la trama argumental no habría nada debajo. Me pareció bastante perspicaz descubrir que incluso sin todas las palabras, el sentimiento negativo seguía ahí. Estaba allí, pero de forma preverbal. Por ejemplo, si pensando en lo que alguien me dijo evocaba este sentimiento, incluso cuando miraba debajo de mi diálogo interno, seguía habiendo algún tipo de energía negativa preverbal que podía sentir.

Una vez que contactas con esa sensación preverbal o energía, lo siguiente es permanecer ahí, sin caer en barrena, y mirarla con ternura. Me gusta la frase «¿Qué significaría para mí aceptar plenamente este sentimiento; no rechazarlo, sino abrazarlo?». Esto es algo que tenemos que averiguar por nosotros mismos. Un maestro o un libro pueden aconsejarte que aceptes algo o lo dejes estar, y eso puede tener sentido para ti en un momento dado, de manera conceptual, pero ¿cómo lo haces en realidad? Para mí, el enfoque de la aceptación se encuentra en este dicho de Shambhala: «Pon la mente temerosa en la cuna de la bondad amorosa». En otras palabras, sé amigable contigo mismo.

No se puede ser amigable y juicioso al mismo tiempo. Si tienes una buena amiga, probablemente conozcas muy bien su extrañeza. Probablemente tengas algunas ideas sobre cómo podría ser más feliz si hiciera algunas cosas de forma un poco diferente. Pero si la desafías a que supere sus problemas, no lo haces con dureza y criticismo. No lo haces pensando que hay algo intrínsecamente mal en ella. Lo haces porque tienes ganas de cuidarla. Lo haces porque crees que le ayudará a ver lo que está pasando, lo que le ayudará a superar sus hábitos negativos. Y quizá te diga que te vayas, pero si ella reconoce de dónde vienes, en el fondo existe la posibilidad de que aprecie lo que estás diciendo.

Este es el tipo de acercamiento amistoso que gradualmente podemos aprender a tener con nosotros mismos y con nuestros sentimientos incómodos. Nos permitirá estar con el sentimiento que está debajo de las palabras durante el tiempo suficiente como para que podamos intimar con él. La energía preverbal puede persistir, pero desarrollaremos una relación diferente con ella. No se convertirá automáticamente en «hay algo mal en mí» y en toda la conversación interna que le sigue.

Aceptar algo, por cierto, no significa que ese algo te guste. Aceptar un sentimiento que habitualmente asociamos con la incomodidad no significa que al instante demos un giro de ciento ochenta grados y empecemos a disfrutarlo. Significa estar de acuerdo con ello como parte de la textura de la vida humana. Significa comprender que, si queremos llegar a ser seres humanos plenamente despiertos, tenemos que aprender a no rehuir ni rechazar ninguna experiencia humana. Es como aceptar el tiempo. Podemos preferir un día soleado a otro lluvioso, la primavera al invierno, pero fundamentalmente aceptamos la forma en que son el clima y las estaciones.

Así que, personalmente, me he comprometido a seguir apuntando hacia el cambio en la forma en que me miro a mí misma y a otras personas. Esto empieza con contactar con la sensación de que hay algo mal en mí y luego generar la intención de trabajar para aflojar esa sensación mirándola con ternura. Con el tiempo he aprendido cómo puedo dejarla estar. Si cada uno de nosotros puede cambiar la forma en que nos vemos a nosotros mismos, eso se convierte en la base de una cultura de personas que no se abandonan a sí mismas ni a los demás. Y esto es algo que sin duda necesitamos ahora más que nunca.

Creo que es justo decir que lo que sentimos por nosotros mismos determinará el futuro del mundo. Que la distracción y la agresión proliferen globalmente o que la paz y la armonía se fortalezcan depende de cómo nosotros, como ciudadanos del mundo, nos sintamos con respecto a nosotros mismos.

Trungpa Rimpoché recalcó que nos encontramos en una encrucijada. Como vemos, hay mucha violencia, polarización, degradación ambiental y sufrimiento en todo el mundo. Las cosas parecen estar fuera de control. Podemos responder a esta situación con miedo, agresión y egoísmo, o podemos responder confiando en nuestra mente vasta y abierta, que es básicamente buena y primordialmente consciente, pero vacía de significados imputados. La forma en que respondamos determinará el rumbo del planeta. Como ciudadanos de nuestro mundo, podemos ayudar a que las cosas vayan en la dirección de la sabiduría, el cuidado y la compasión.

# 18. Abrazar lo inabrazable con una carcajada

*El humor aligera el camino espiritual y evita que se convierta en un obstáculo. Nos da la apertura para profundizar en las enseñanzas, en lugar de obsesionarnos con lo que creemos que significan.*

Unos años atrás, estaba viviendo con mi hijo Edward y su familia. Estaba en su comedor y me di cuenta de que había perdido mi botella de agua. Como mis amigos y familiares te dirán, tiendo a preocuparme y obsesionarme con las cosas más pequeñas. Así que empecé a buscar por todas partes, como un ratoncito. «¿Está aquí abajo? ¿Está encima de eso? ¿Está dentro de esta bolsa? ¿Donde está? ¿Donde está? ¡Creo que me la dejé en el centro comercial! ¿Podemos llamar al centro comercial?»

Mi hijo acababa de leer su primer libro budista porque su hija se lo había regalado. Tras observar mi comportamiento neurótico, del que yo no era del todo consciente, aprovechó la oportunidad para burlarse de mí, su madre, la monja budista. Le dijo a su hijo Pete, que entonces tenía unos doce años: «¿Ves lo que hace la abuela? Está sufriendo. ¿Y sabes por qué está sufriendo, Pete? Porque está apegada a esa botella de agua. Si renunciara a su apego a la botella de agua, dejaría de sufrir». Le dije: «¡Pete, tu padre tiene razón!».

El humor de mi hijo cortó mi hábito de una manera poderosa. Dejé de preocuparme por la botella. Le dije: «Qué más da si encuentro esa botella de agua. Quiero trabajar con este patrón de preocupación». Y todos en la familia dijeron: «¡Sí!». Incluso ahora, cuando empiezo a obsesionarme con algo, a menudo recuerdo este incidente. Reírme de mí misma me ayuda a soltar lo que me obsesiona.

Todos mis maestros han tenido un gran sentido del humor y han valorado el humor como una parte importante del camino espiritual. Es una parte clave de ser amistosos con nosotros mismos. Muchos de nosotros pasamos nuestros días atormentados por nuestra imperfección. Creemos que hay algo fundamentalmente mal en nosotros. Algunas personas reaccionan a este sentimiento manteniéndose ocupadas todo el tiempo, corriendo frenéticamente, con un alto nivel de estrés. Algunas embotan su mente con sustancias y otras formas de escape. Otras simplemente se vuelven muy ásperas. Pero todas estas cosas son formas de escapar del espantoso sentimiento de que, de alguna manera, no estamos bien. Cuando nos reímos de nosotros mismos, en cambio, todos nuestros defectos terribles se vuelven menos sólidos y serios.

Tengo un amigo que a veces me envía tarjetas humorísticas con temas espirituales. Una de ellas muestra a un hombre calvo enfadado vestido con una túnica de monje budista y que está estrangulando a otro monje budista. El pie de foto dice: «¿Estás teniendo un momento poco budista?». Otra muestra a una mujer sentada en la posición de medio loto y en el pie de foto pone: «Aquí estoy sentada, totalmente evolucionada y al unísono con toda la vida... sin juzgar compasivamente a la gente "hestúpida"».*

Estos son pensamientos que ningún «budista de bien» debería tener. Parece muy poco budista regocijarse en secreto cuando tu amigo tiene un fallo, o pescar halagos, o estar obsesionado con una botella de agua. Podemos sentir que somos los únicos entre nuestros compañeros espirituales que nos sentimos arrogantes, lujuriosos o pesimistas. Jarvis Masters me dijo que no le gusta cuando los capellanes y otros asistentes –budistas o no– entran a la prisión con grandes sonrisas en sus rostros y predican sobre la virtud y la ética, y siempre miran el lado positivo de la vida. Dijo: «Empiezo a sentir: "¿Es que soy el único aquí que a veces tiene malos pensamientos?"».

Pero tener estos «malos pensamientos» nos da la ocasión perfecta para reírnos de nosotros mismos. Incluso cuando cada día hacemos aspiraciones sinceras de despertar para el beneficio de todos los seres sintientes, en nuestra mente pueden surgir un sinfín de pensamientos habituales. La verdad es que casi todos nosotros podríamos ser el tema de nuestro propio libro

---

* En inglés, *stoopid*, en lugar de *stupid*. Una persona «hestúpida» (*sic.*) es una persona tan estúpida que ni siquiera es capaz de deletrear la palabra correctamente. *(N. del T.).*

de ilustraciones «poco budistas». Pero sin humor será difícil tener suficiente paciencia y resistencia para afrontar el flujo constante de pensamientos y sentimientos dolorosos e incriminatorios que surgen. Sentiremos que estamos rodeados de enemigos: nuestros deseos mezquinos, nuestros prejuicios inesperados, nuestras quejas constantes. En cambio, si nos tomamos a nosotros mismos menos en serio, podemos ver estos surgimientos mentales no deseados como viejos amigos. Si te descubres obsesionado con una botella de agua, puedes pensar: «Ay, ahí estás de nuevo, mi viejo y familiar amigo, don Preocupación Neurótica».

Poder reírnos de nosotros mismos nos conecta con nuestra humanidad. Esto a su vez nos ayuda a conectarnos y a tener empatía con otras personas. Nos damos cuenta de que todos somos fundamentalmente iguales. Todos tenemos nuestra bondad natural, así como muchos hábitos molestos y neuróticos. Si nos autodenigramos y nos criticamos por nuestras debilidades, inevitablemente despreciaremos y criticaremos a los demás. Pero si nos apreciamos a nosotros mismos tal como somos, sin juicios, será mucho más fácil hacer lo mismo con los demás. Entonces será natural querer lo mejor para los otros y trabajar para despertar en beneficio de ellos. Por esta razón, el humor es considerado como una de las cualidades indispensables del camino espiritual.

El humor aligera el camino espiritual y evita que se convierta en una lata. Nos da la oportunidad de profundizar en las enseñanzas, en lugar de obsesionarnos con lo que creemos que significan. Por ejemplo, los maestros budistas a menudo nos advierten sobre la pérdida de tiempo. Hay muchas contemplaciones sobre lo insólito y precioso que es tener una vida humana en la que se cuenta con la oportunidad de practicar el *dharma*. Pero si te acercas a este tema sin sentido del humor, probablemente te verás torturado por el hecho de que a menudo metes la pata. Puedes ir a una fiesta y estar tan tenso por mantener tu atención plena que en realidad te cierras a las personas que te rodean. Te tomas tan en serio la idea de no ser frívolo que empiezas a despreciar a los demás. La clave para no desperdiciar tu vida es encontrar un equilibrio que incluya el humor; aplicarte con cuidado cuando empiezas a estar emocionalmente reactivo, pero manteniendo un sentido de ligereza y jugueteo.

El Buda aconsejó, como todo el mundo sabe, que uno siempre debe tratar de estar «ni demasiado tenso ni demasiado flojo». Se necesita una cierta flexibilidad mental para navegar por las diversas situaciones de nuestra vida sin caer en ninguno de estos extremos. El ingrediente clave de esta flexibilidad es el humor. Tener sentido del humor implica que estás abierto a cómo suceden las cosas de forma espontánea. No tienes nociones demasiado fijas de cómo tiene que ir todo y cómo tienes que ser. De hecho, lo que suele ser más gracioso es cuando intentas hacer que las cosas vayan en una dirección y terminan yendo en otra totalmente equivocada, como si estuvieras tratando de pintar tu habitación de beige y terminara de color rosa.

Trungpa Rimpoché a veces usaba el humor como medio para ayudarnos a conectar con nuestra conciencia abierta. En una de sus enseñanzas, contó un chiste que todos ya conocíamos de principio a fin. Era uno de esos chistes del estilo de «Están el papa y un rabino...». Pero Rimpoché se las ingenió para sacarle punta al asunto hasta que el chiste duró casi una hora y media. Fue tan hilarante que todos deseábamos que parara por lo mucho que nos dolían las costillas de reírnos. Y luego se detuvo y descansó en la conciencia abierta. Todo el mundo estaba tan suelto y relajado que se unió a él en esa amplitud y claridad básicas que surgieron de forma natural. Cuando nuestra mente está llena del calor del humor, estamos en contacto con lo mejor de nosotros mismos.

# 19. Aprender de nuestros maestros

*Los maestros auténticos nos muestran lo que de verdad es ir más allá de la mente fija, existir sin polarizar, vivir con alegría en un estado de falta de fundamento. Puede que todavía tengan que seguir avanzando por sus propios caminos, pero han ido muy lejos a la hora de soltar sus falsas comodidades samsáricas y en superar sus patrones y reacciones habituales.*

Como todos sabemos, pero a veces olvidamos, la compañía que tenemos es muy importante. En *Las treinta y siete prácticas de un bodisatva*, Thogme Zangpo habla sobre este punto en dos estrofas. El primero es evitar las influencias negativas: «Con algunos amigos, los venenos no dejan de aumentar. El estudio, la reflexión y la meditación se debilitan, mientras que la bondad amorosa y la compasión desaparecen. Renunciar a los malos amigos: esta es la práctica de un *bodisatva*».

Con «venenos» se refiere a las emociones como la ira, los celos y el deseo obsesivo. Estar en presencia de ciertos amigos y situaciones provoca que surjan estas emociones. Por

ejemplo, si estás trabajando en superar una adicción al alcohol
o a las drogas, estar en compañía de personas que consumen
con vehemencia esas sustancias aumenta las probabilidades
en tu contra. O si quieres dejar de tener una visión negativa de
las personas, es posible que tengas que abstenerte de salir con
tu amigo el misántropo. O, como mencioné en un capítulo anterior, si tienes un amigo con el que te gusta chismorrear, es
posible que tengáis que llegar a un acuerdo mutuo para dejar
de hacerlo.

Los «malos amigos» pueden evocar en tu mente una imagen monstruosa como la de Darth Vader, pero el verso solo
habla de lo fácil que nos resulta desviarnos, distraernos, dejarnos seducir. Cuando estamos con ciertas personas o en
ciertas situaciones, perdemos el sentido de qué hacer y qué
no hacer. Todas las palabras de sabiduría que hemos escuchado y comprendido pierden su poder de incidir en nuestra
mente. Nos olvidamos de lo precioso de esta vida, en la que
tenemos acceso a tantas enseñanzas y tantos métodos para
despertar. Cuando pasamos demasiado tiempo con las influencias equivocadas, perdemos nuestra capacidad de sentarnos
con la energía cruda e incómoda. Nos volvemos más egoístas, estrechos de mente y negativos. Cada vez tenemos más
problemas para ver nuestra propia bondad básica y la de los
demás.

La siguiente estrofa de *Las treinta y siete prácticas* habla
de una relación que pretende tener el efecto contrario. Esta es
una relación con un maestro o amigo espiritual: «Con algunos

maestros, tus defectos se desvanecen y tus habilidades medran como la luna creciente. Considera que esos maestros son queridos para ti, más queridos que tu propio cuerpo. Esta es la práctica de un *bodisatva*».

Algunas personas sacan de forma natural lo mejor de nosotros. En su presencia, nos volvemos más nobles, valientes y altruistas. Nos volvemos menos cínicos, mezquinos y dudosos de nosotros mismos. La mayoría de nosotros probablemente conocemos a un número de personas que tienen este tipo de efecto en nosotros, y en el linaje budista del que he sido parte durante muchos años, este papel se ilustra con el maestro espiritual. Tengo a mis maestros, empezando por Chögyam Trungpa Rimpoché, que considero tan queridos para mí por cómo han sido capaces de mostrarme –y modelar para mí– mi propio potencial. Es como conocer una parte de ti mismo que ni siquiera sabías que estaba ahí.

Antes de conocer a Trungpa Rimpoché, desconocía por completo cómo me aferraba habitualmente a las ideas fijas, las etiquetas y los significados imputados. No tenía ni idea de cómo me resistía siempre a lo que hay, y cómo podía aprender a relajar esa resistencia y empezar a vivir progresivamente en el espacio libre y abierto de la inexistencia del ego. No tenía ni idea de que mi mente y mi corazón tenían el potencial de despertar, y de sentir una conexión y preocupación crecientes por todos los seres vivos.

Los maestros auténticos nos muestran lo que realmente parece ir más allá de la mente fija, existir sin polarizar, vivir con alegría en un estado de falta de fundamento. Puede que todavía tengan que seguir avanzando por sus propios caminos, pero han ido muy lejos a la hora de soltar sus falsas comodidades samsáricas y superar sus patrones y reacciones habituales. Es posible que todavía pasen por experiencias como la ira o la inseguridad, pero estas emociones no consiguen hacerlos tambalear. Son capaces de estar completamente presentes, con una mente abierta, fresca e imparcial. Cuando estamos en su presencia, también experimentamos esa mente abierta. Nos sentimos inspirados a sacar el máximo provecho de nuestra vida.

Cuando te encuentras con la apertura espaciosa de la mente del maestro, esta resuena con la apertura espaciosa de tu propia mente. Ves cómo en realidad no existe una diferencia esencial entre tu conciencia y la conciencia del maestro. Y ves que puedes lograr lo que ellos han logrado, porque todos nosotros hemos tenido que empezar de la misma manera: como seres humanos confundidos, reactivos, pero básicamente buenos. A través de las instrucciones y el ejemplo, el maestro nos muestra que es posible lograrlo.

La tradición Vajrayana, a la que pertenecen Trungpa Rimpoché y mis otros maestros principales, pone un énfasis especial en la relación maestro-estudiante. Como resultado, puede que se genere un sentimiento de misticismo en torno al maestro, lo que a veces lleva a las personas a buscar un maestro casi de forma desesperada. «¿Es este mi maestro? ¿Es este mi maestro? Este parece muy bueno. Me gustan las enseñanzas de esta persona. Realmente tienen sentido para mí. Así que esta persona *debe* ser mi maestro.»

Lo que he encontrado, al menos en el Vajrayana, es que lo más importante para hallar un maestro es la conexión con tu corazón. Es comparable a enamorarse. Algunas personas que buscan el amor hacen una lista de requisitos y luego van en busca de un compañero que se ajuste a esos requisitos. Pero encontrar a alguien que parece una buena opción sobre el papel no suele llevar a enamorarse profundamente. De manera similar, aunque ciertamente existen requisitos para los maestros espirituales –por ejemplo, que comprendan en profundidad las enseñanzas y siempre tengan en mente tus mejores intereses–, necesitas hacer algo más que crear una lista para descubrir una conexión profunda con el corazón.

Así como la gente se enamora de muchas maneras diferentes, también hay muchas maneras diferentes de encontrar y formar un vínculo con un maestro espiritual. La historia de cómo forjé yo una relación con Trungpa Rimpoché muestra que no existe una fórmula de cómo debería ir esto. Yo personalmente resoné con Rimpoché, pero lo que sentí en su presencia no se correspondía exactamente con lo que yo pensaba que debía sentir con «mi maestro». Algunos textos mencionan que se te ponen los pelos de punta y las lágrimas corren por tus mejillas. Eso a mí no me pasó. En parte fue porque él me parecía muy intimidante. A menudo me preguntaba si él era en verdad el maestro para mí.

En un momento dado, Trungpa Rimpoché trajo a Su Santidad el Decimosexto Karmapa a Estados Unidos. Vi a Su Santidad sentado en el trono, un hombre grande con ropa de brocado, hermoso e impresionante. Yo tenía lágrimas en las mejillas, me sentía increíble, etc., y entonces pedí una entrevista con él. Su presencia era profunda, pero cuando le hice una pregunta típicamente occidental, mencionó algo que sacó de un texto tradicional que yo no comprendía. Trungpa Rimpoché, en cambio, era muy hábil en trabajar con mi mente occidental. Veía quién era yo y dónde estaba encallada, y tenía una manera increíble de llegar al corazón del asunto y cortar mis neurosis con sus respuestas. Pensé: «¿Y ahora qué? Uno puede responder a mis preguntas, pero no me corren las lágrimas por las mejillas. Con el otro, lloro, pero no entiendo sus respuestas. ¿Qué se supone que debo hacer?».

Como vivía en Boulder, Colorado, donde también vivía Trungpa Rimpoché, era natural para mí formar parte de su *sangha* y hacer las prácticas que nos daba. Pero como todavía dudaba de si quería comprometerme plenamente a ser su estudiante, decidí conocerlo mejor. Diferentes estudiantes tienen diferentes necesidades, pero para mí era importante poder ver cómo era mi maestro no solo en un escenario delante de un público, sino a un nivel más ordinario y cotidiano.

Tuve que buscar una manera de hacer que esto sucediera, y con el tiempo se me otorgó la responsabilidad de cuidar de sus altares. Tenía un altar en la sala de estar de su dormitorio y otro en la planta baja, y me enseñó personalmente cómo cuidar de ellos. Todavía lo encontraba tan aterrador e intimidante cuando lo veía desayunando como cuando estaba enseñando, pero también vi cosas de él que hicieron que me enamorara y que confiara plenamente en él. Vi cómo intentaba cualquier cosa para despertar a las personas y cómo nunca se daba por vencido con nadie. Vi cómo estaba totalmente comprometido con la iluminación de todos –eso era todo lo que le importaba–. Vi cuán desinteresadamente amaba a sus estudiantes. Al observar todo esto, por fin superé todas mis dudas e indecisiones. Así que esa es la historia de mi viaje personal para hacer una conexión de corazón con mi maestro.

La estrofa de Thogme Zangpo dice que «tus defectos se desvanecen», pero según mi experiencia, cuando trabajas con un maestro, tus defectos parecen aumentar. Es como si siempre hubieras tenido granos por toda la cara, pero nunca te hubieras dado cuenta porque no tenías un espejo. No es que mis maestros quisieran ser críticos conmigo, pero su «efecto espejo» hizo que todo se volviera muy evidente. Y puesto que admiras a tu maestro, quieres tener un aspecto especialmente bueno delante de él, así que te gustaría tener menos granos en su presencia. Pero al cabo de un tiempo te das cuenta de que tratar de tener un buen aspecto no funciona, y simplemente desistes. Te muestras tal como eres. Y te das cuenta de que eso es lo que el maestro te ha estado animando a hacer todo el tiempo: no ocultar nada y ser como eres.

Los maestros espirituales tienen que ganarse tu confianza. Todas las enseñanzas tradicionales recomiendan que los examines con detenimiento y determines lo mejor que puedas que su única motivación es ayudarte a despertar. Pero una vez que eso sucede, solo pueden ayudarte si confías en ellos. Entonces pueden hacer cosas maravillosas, como llevarte directamente a una experiencia de la vacuidad. En el Vajrayana, el maestro da «instrucciones que apuntan», que introducen a la experiencia de la «mente misma», la mente de conciencia abierta que cada uno de nosotros ya tiene, pero que a menudo no podemos reconocer. Es una experiencia similar a la que se produce cuando un gran número de personas en una sala golpea sus muslos al unísono, pero es especialmente poderosa en presencia del maestro. Los maestros usan diferentes maneras para detener tu mente de modo que experimentes un hueco ampliado en tu proceso de pensamiento y etiquetado. En ese espacio, se produce una profunda comprensión en cuanto a la verdadera naturaleza de las cosas y puedes ver cuán confinado estás a menudo en los patrones habituales de tu mente.

Cuando estoy con mis maestros, puedo sentir mi propia conciencia abierta simplemente con estar en su presencia. Incluso puede surgir cuando pienso en ellos o cuando me imagino sus caras. Puesto que ellos habitan en ese vasto espacio vacuo que está más allá de los pensamientos y las etiquetas, cuando me abro a ellos, es posible permanecer en ese espacio a su lado. Soy bienvenida a unirme a ellos en esa atmósfera sagrada y compasiva, que no es ni suya ni mía.

Recuerdo que una vez estaba esperando para tener una entrevista con Trungpa Rimpoché. Yo estaba sentada fuera de su habitación llorando, completamente alterada. Pero cuando do entré y me senté frente a él, pasé a formar parte de ese espacio ilimitado de conciencia en el que él siempre habitaba. Fue algo tan repentino que me encontré tratando desesperadamente de resucitar mis lágrimas, para poder convencerlo de lo terrible que era todo. Al final, cuando me las arreglé para volver a ponerme nerviosa, bostezó y miró por la ventana. Esto fue muy doloroso, pero me detuvo totalmente. Todas mis propensiones eran intensas, pero con todo ese espacio no tenían dónde encallarse. Era justo como Trungpa Rimpoché solía decir: «Cuando tu mente es grande, los pensamientos son como mosquitos zumbando de un lado a otro sin ningún sitio donde posarse».

En muchas situaciones, sin embargo, no hay manera de acercarse a un maestro como yo lo hice con Trungpa Rimpoché. El maestro puede vivir lejos o tener tantos estudiantes que no conoce sus peculiaridades individuales, ni siquiera sus nombres. Las personas a menudo se preguntan si esas circunstancias hacen imposible que puedan beneficiarse de semejante relación de maestro-estudiante. ¿Se encuentran demasiado lejos del fuego del maestro para recibir un poco de su calor?

Tengo la sensación de que, sea cual sea la cantidad de contacto que tengas con un maestro auténtico, si tomas en serio lo que él o ella te está enseñando, eso puede ser suficiente para convertir toda tu vida en un camino de despertar. Si lo que el maestro dice parece totalmente cierto para ti, empezarás a encontrar oportunidades para practicar en todas partes. Se derrama la tinta de un bolígrafo en la parte delantera de mi abrigo favorito: una oportunidad para practicar. Las acciones de otros estudiantes me sacan de quicio y me invaden el criticismo y el desagrado: una oportunidad para practicar.

Una amiga mía tiene una fobia intensa a estar en espacios cerrados. Sin saberlo, un compañero le pidió que le ayudara a limpiar la cisterna de agua del centro de retiros. Esto implicaba bajar a un espacio pequeño y oscuro y limpiar las paredes pegajosas y viscosas de la cisterna. Naturalmente, ella dijo: «De ninguna manera», y explicó su fobia. Pero en media hora esta mujer valiente decidió que quería enfrentarse a sus temores en lugar de huir de ellos y aceptó unirse a otros dos estudiantes en ese espacio oscuro y confinado. No era agradable, pero superó algunos de sus miedos más antiguos. Desde entonces, siempre que se manifiesta algún temor, se refiere a eso como «una oportunidad para la práctica de la cisterna», una oportunidad para tomar en serio las enseñanzas y aplicarlas.

Cada desafío presenta una oportunidad para el crecimiento espiritual, ya sea una pequeña irritación o cuando todo lo que has conocido se desmorona. Tal vez el mayor reto para cualquier estudiante sea descubrir que su maestro ha traicionado su confianza. Esto sucede con demasiada frecuencia en las comunidades espirituales. Aparentemente de la nada, el aspecto demasiado humano del maestro se revela en todos sus detalles desagradables. Empezabas a entrar en calor con ese maestro, o ya habías desarrollado un profundo amor y respeto por él o ella, y de repente tu mundo se pone patas arriba. Como se suele decir, se nos ha aparecido el «lado oculto» de nuestro maestro.

Entonces, ¿qué? ¿Te aferras a que «él o ella no podría hacer nada malo»? ¿O vas al otro extremo y los rechazas por completo? La decisión de dejar la comunidad espiritual y al maestro es algo muy difícil y muy personal. Pero la decisión de si cerramos el corazón y la mente o permanecemos abiertos y vulnerables es para mí lo más importante. Muchos han dejado a sus maestros debido a un comportamiento que no podían consentir, pero al mismo tiempo siempre recordaron la bondad del maestro y siempre continuaron apreciando lo que el maestro les había enseñado.

Cómo mantener una mente libre de fijación y un corazón tierno en momentos como este se transforma en el *koan* de un estudiante. Es posible que descubras que esto se convierte en la enseñanza más grande de tu vida o que es hora de que te vayas. En cualquier caso, cómo mantener la mente lo suficientemente clara para ver que el daño ha sido hecho, pero lo suficientemente abierta para permitir que una persona –cualquier persona– aprenda de sus errores y evolucione: este es el desafío. Por lo general, queremos resultados claros y conclusiones correctas o incorrectas. Pero cuando dejamos que la vida se despliegue libre de nuestros juicios de valor, esta puede tomar giros y vueltas muy sorprendentes e inesperados, y siempre nos enseñará mucho.

Pero ¿es posible afirmar que «yo no apruebo este comportamiento» o que «me siento enfadado y traicionado», y que a la vez «amo y me importa esta persona»? Esta es una pregunta importante. Sucede algo similar cuando un amigo cercano o un miembro amado de la familia se equivoca de una manera importante. A veces nos volvemos contra ellos y no tenemos que ver nada más con ellos. Un número sorprendente de personas, sin embargo, de algún modo encuentran una manera de no condonar ni permitir, pero, al mismo tiempo, no retirar su amor. Recuerdo a Trungpa Rimpoché diciendo que no importa lo que haya hecho una persona, siempre debes mantener la puerta abierta. Esta es una práctica difícil, sin duda. Requiere salir de la zona de confort a lo grande. Requiere desarrollar la capacidad de experimentar el aprendizaje y el crecimiento profundo en la zona de desafío y que esto nos transforme.

No es fácil para nadie abrazar un *koan* de esta magnitud, y no me sorprendería saber que para ti esto simplemente no es una opción, al menos no ahora mismo. Entonces, ¿qué? He descubierto que la manera más sensata de avanzar es simplemente reconocer dónde estás sin sentirte culpable ni arrogante, tomar cualquier decisión que necesites tomar y seguir adelante con tu vida. Pero mientras sigues adelante, también puedes aspirar a no dejar que esta experiencia estreche tu mente o endurezca tu corazón. Puedes aspirar a que ahonde tu compromiso con la autorreflexión y la ternura. Entonces, donde quiera que vayas, tu aprendizaje seguirá. Tu viaje a la iluminación continuará.

El maestro te ayuda a despertar reflejando tanto tus defectos como tu bondad básica. Él o ella te muestra tanto las neurosis que no querías ver como el potencial que no sabías que existía. Pero una vez que te has familiarizado con estos aspectos de tu mente y has adquirido el gusto de ver cada vez más, el mundo entero se abre a ti como tu maestro. A esto se le llama «encontrar al maestro universal», el maestro en la forma del mundo fenoménico.

# 20. Misión imposible

*En lugar de considerar que es inútil o deprimente, podemos ver la cantidad ilimitada de trabajo que tenemos por delante como una fuente de inspiración continua.*

Cuando doy charlas, a veces me gusta empezar pidiendo que todos reciten conmigo las siguientes líneas tradicionales:

Que la *bodichita*, preciosa y sublime,
surja donde aún no ha nacido;
y donde haya surgido, que nunca disminuya,
sino que crezca y prospere cada vez más.

Estas líneas resumen todo el camino del *bodisatva*, el viaje que emprendemos para despertar nuestra mente y nuestro corazón para que podamos ser cada vez de mayor beneficio para los demás.

Las dos primeras líneas se refieren al tiempo previo a que se nos haya presentado la idea de la *bodichita*: la aspiración y el compromiso de despertar para el beneficio de los demás. No obstante, nadie empieza de cero. La *bodichita* tiene como base el amor y la compasión, que todos albergamos en nuestros corazones. Algunas personas, especialmente cuando han tenido relaciones traumáticas o muy difíciles con miembros de la familia, tienen la idea de que realmente no aman a nadie. Pero siempre hay alguien, si no una persona, al menos un gato o un perro.

Todos tenemos al menos una pizca de *bodichita*. Como a Trungpa Rimpoché le gustaba decir: «Todo el mundo ama alguna cosa, aunque solo sean las tortitas». La tercera línea nos anima a valorar cualquier destello de *bodichita* que tengamos, a protegerla y cuidarla para que no disminuya. Es como cuando ves las primeras flores que brotan en la primavera; sientes algo de debilidad por ellas y quieres que les vaya bien, así que evitas pisarlas y tratas de evitar que los animales las muerdan. En el caso de la *bodichita* en esta etapa primeriza, tenemos que protegerla de nuestros propios hábitos, como la tendencia a polarizarnos o a centrarnos demasiado en nosotros mismos a expensas de los demás.

Además de proteger nuestra *bodichita*, tenemos que hacer todo lo que podamos para ayudarla a desarrollarse. Esto no sucede por sí solo, sino que requiere esfuerzo. Se dice que debemos asirnos a la *bodichita* como una persona ciega en un desierto se cogería a la cola de una vaca. Imagina que estás ciego, perdido en el desierto y desesperadamente sediento. Si oyeras pasar una vaca, te darías cuenta de que puede llevarte al agua, así que lo más inteligente sería agarrar su cola y asegurarte de no soltarla nunca. Esta analogía también nos da una idea de lo importante que es la *bodichita*. Si te estás muriendo de sed, probablemente no te pondrás a pensar: «Estaría bien beber un vaso de agua». En vez de eso, lo único en lo que pensarías sería en cómo encontrar agua. Considerarías que cualquier persona o cosa que te encuentres –incluso una vaca– es una manera potencial de conseguir agua.

De manera similar, a medida que nos familiarizamos con nuestro propio corazón roto y poco a poco descubrimos que la vulnerabilidad, la incomodidad y la confusión que nosotros sentimos es la misma vulnerabilidad, incomodidad y confusión que todos experimentamos, desarrollamos un poderoso anhelo de despertar, en lugar de permanecer dormidos.

Con el tiempo, despertar para ayudar a los demás se convierte en la principal preocupación de nuestra vida. Cuando nos preocupamos plenamente por la *bodichita* de esta manera, somos más habilidosos a la hora de usar cada situación de nuestra vida para despertar.

Al principio, se necesita mucho esfuerzo para seguir adelante en el camino del despertar. Una gran parte de ese esfuerzo es darse cuenta de cuándo te sientes incitado o excitado y luego hacer algo diferente a tu reacción habitual. Esa reacción podría ser actuar física o verbalmente, o zambullirse en una historia convincente sobre lo que esa persona hizo, o lo inferior que soy, o lo terrible que es todo, o lo mucho mejores que serían las cosas si tan solo [rellena el espacio en blanco].

En lugar de reaccionar de cualquiera de estas maneras habituales, es posible que tengas que hacer cosas que parecen un poco artificiales. Por ejemplo, alguien puede mirarte de una determinada manera que te hace pensar que tienes una imagen crónica de estar lastimado, o de ser un «producto dañado». En ese momento, en vez de enfadarte o desanimarte, podrías ir en contra de tu hábito y pensar para ti mismo: «Que yo y todas las demás personas del mundo que se sientan inadecuadas nos liberemos de este sentimiento». Puedes hacer que la idea sea aún mayor: «Que este difícil encuentro sea de algún modo la semilla para mi despertar, y para el despertar de todos los que se sienten inadecuados, y también para el despertar de todos los demás». Esto puede parecer un poco falso, pero es similar a fortalecer un músculo que no has usado por un tiempo. Es como correr. Si anhelas y te comprometes a ponerte en forma, es posible que al principio tengas que hacer un esfuerzo incómodo para ponerte las zapatillas y salir a correr. Tienes que ir incluso cuando en verdad no quieres hacerlo. Pero con el tiempo, sin que te des cuenta de cómo cambió la situación, correr se convierte en algo natural. Encuentras que tu deseo de correr es mucho mayor que tu deseo de no hacerlo.

A medida que fortaleces tu músculo de la *bodichita*, tu actitud ante la adversidad cambia. Siempre que algo desagradable o no deseado sucede, puede que no te guste, pero lo ves como una oportunidad para cambiar algo en tu propia mente y tu propio corazón. Este giro cambia tu vida. Pero no es como un suceso singular que tiene lugar en un momento determinado, como un lunes al mediodía. Es una transformación que se acerca sigilosamente.

Shantideva compara la *bodichita* con un árbol que satisface los deseos y que nunca deja de dar frutos, a diferencia de un árbol de plátano que produce frutos una sola vez y luego muere. El árbol de plátano es comparable a una buena acción ordinaria. Tu amiga tiene dolor de cabeza y le das una aspirina. Haces algo bondadoso, que tiene un buen resultado, pero se acabó. Tu intención se limita a realizar una acción para una persona cada vez. Con la *bodichita*, por otro lado, todo lo que haces se convierte en parte de una intención mucho más amplia. Le sigues dando a tu amiga la aspirina, pero esa buena acción es parte de un deseo mucho mayor de que tu amiga finalmente despierte del sufrimiento y la confusión. Y ese deseo es parte de uno aún mayor: ayudar a todos los seres sintientes, sin una sola excepción, a despertar completamente.

El deseo último de la *bodichita* es tan vasto e inclusivo que a veces se le denomina «misión imposible». En primer lugar, para hacer realidad este deseo, tenemos que aceptar la cláusula de no excepción. Es fácil hacer una lista de personas que deben ser excepciones, como los dictadores despiadados, las personas que se deleitan en ser crueles con los animales, o cualquier persona que te haya hecho cosas terribles a ti o a tus seres queridos. Estas «personas malvadas» parece que disfruten del sufrimiento de los demás. Pero imagina si Adolf Hitler hubiera despertado completamente y se hubiera liberado del sufrimiento. ¿Habría hecho alguna de las cosas que hizo? ¿Podría alguien dañar intencionadamente a otros si fuera capaz de mantener la crudeza de la vulnerabilidad en su corazón, en lugar de reaccionar con ignorancia ante su dolor emocional? Cuando nos hacemos estas preguntas, vemos cuánto sentido tiene que no haya excepciones a nuestras aspiraciones de la *bodichita*.

También podemos sentirnos abrumados o desanimados cuando pensamos en el número ilimitado de personas y animales que necesitan ayuda desesperadamente. Cuando comparamos eso con lo que realmente podemos hacer para aliviar el sufrimiento, puede parecer casi inútil intentarlo. Hablamos de alcanzar la iluminación para liberar a todos los seres del sufrimiento, pero ¿podría realmente haber un fin al sufrimiento?

Roshi Bernie Glassman, que pasó décadas trabajando con personas sintecho en Yonkers, Nueva York, dijo: «No creo que el problema de las personas sintecho vaya a tener fin, pero todos los días voy como si fuera posible que lo tuviera. Y luego trabajo persona por persona». Ese fue también el enfoque de la Madre Teresa. Ella sabía que no podía acabar con toda la pobreza en Calcuta. Pero se dio cuenta de que podía ayudar a muchas personas moribundas a sentirse queridas, así que ella y su gente trabajaron en ello todos los días, y su organización creció y creció.

La misión imposible de la *bodichita* es como el amor no correspondido. Es como la historia de Romeo y Julieta, que no pudieron reunirse, pero cuyo amor siguió creciendo, a pesar de que nunca pudo ser satisfecho. El anhelo de ayudar a todos los seres a despertar puede sacarnos de nosotros mismos, más y más hasta que entremos en el reino de la mente y el corazón vastos. Con el tiempo, nos daremos cuenta de que todo el potencial de nuestra mente es mucho más vasto de lo que nuestras percepciones actuales de los sentidos de baja tecnología pueden experimentar. Y lo que podemos hacer por los demás –aunque no podamos hacerlo todo– es igualmente vasto. En lugar de considerarlo inútil o deprimente, podemos ver la cantidad ilimitada de trabajo que tenemos por delante como una fuente de inspiración continua, una oportunidad sin fin para que nuestra preciosa *bodichita* «crezca y prospere cada vez más».

En estos días, muchos de nosotros sentimos ansiedad y tristeza cuando miramos a nuestro alrededor o leemos las noticias. Esto es natural y comprensible, pero al mismo tiempo es importante encontrar formas de cultivar el optimismo. Como dice una aspiración que recito a menudo: «En lo que respecta al futuro de la humanidad, seré optimista y valiente». Sin ser un poco optimistas, es fácil caer en una actitud pasiva o derrotista. ¿Por qué tratar de hacer algo para mejorar el futuro si de todos modos resultará inútil? Pero según las enseñanzas sobre el karma, el futuro no está escrito. Lo que hacemos ahora sí importa, no solo para nosotros mismos, sino para todos los que forman parte de esta red de interconexión que llamamos Madre Tierra. Incluso sonreírle una vez a alguien puede tener un tremendo efecto dominó que se extiende y se extiende, ¿quién sabe hasta dónde? Si este es el caso, piensa en cuánto podemos incidir en el mundo si nos entrenamos con entusiasmo para abrir nuestro corazón y nuestra mente, día tras día.

Pero aunque seamos optimistas, también es importante ser realistas. Aunque muchas personas participan en un flujo continuo de acciones positivas, muchas otras actúan habitualmente movidos por la confusión, el miedo y el interés propio. Algunos plantan en su mayoría semillas positivas para el futuro, otros negativas, y la mayoría plantan ambas. Realmente no sabemos qué significa todo esto. Si nuestra idea de ser optimistas es pensar y hablar de forma ingenuamente positiva sobre lo que nos deparará el futuro, eso puede desembocar en un desánimo enorme cuando veamos cómo se desarrollan realmente las cosas.

En Sudáfrica, las personas que habían sufrido el *apartheid* se sintieron increíblemente inspiradas cuando Nelson Mandela llegó a la presidencia y después cuando se constituyó la Comisión de la Verdad y la Reconciliación. Pero muchos de los que pensaban que las cosas seguirían con este espíritu empezaron a ver la situación con cinismo a medida que el ritmo de la transformación se frenaba y aumentaba la corrupción y el sufrimiento. Muchas personas que trabajaban ayudando a otros en Sudáfrica y en distintos lugares se exasperaron cuando vieron que el progreso se ralentizó o incluso se revirtió. En cambio, todavía hay muchas personas que siguen sintiéndose inspiradas y continúan trabajando con valentía, sean cuales sean los resultados inmediatos.

Trungpa Rimpoché tenía un fuerte sentido intuitivo del futuro, y lo que veía no era agradable: desastres naturales, crisis económicas y un creciente malestar físico y mental. Sabía que esto podía sacar lo peor y lo mejor de las personas. Algunas, debido a su temor legítimo de no tener lo suficiente o de perder lo que tenían, se volverían mezquinos y egoístas. Pero también habría quienes podrían estar a la altura de las circunstancias y ayudar a otros a superar la adversidad. Dijo que nos correspondía a nosotros decidir de qué manera queríamos encontrar el futuro.

Podemos empezar a prepararnos para el futuro haciéndonos algunas preguntas. ¿Qué voy a hacer yo y cómo voy a estar cuando ocurran sucesos no deseados? ¿Podré mantener una mente firme y un corazón bondadoso que pueda acomodar cualquier dolor que surja, y por lo tanto beneficiarme a mí mismo y a la sociedad, en lugar de ser un obstáculo? ¿Cómo reaccionaré a la enfermedad, a las pérdidas devastadoras, a los insultos y a la falta de respeto? ¿Cómo reaccionaré cuando las cosas empeoren en el medio ambiente o en la política? ¿Me volveré loco y estallaré de odio, miedo o autocondenación? ¿O mi práctica me permitirá estar con lo que estoy sintiendo y actuar de manera sana y humana? ¿La adversidad sacará a relucir mis cualidades más bajas o sacará las mejores?

Después de hacernos este tipo de preguntas, podemos empezar a usar lo que surge en nuestra vida presente para prepararnos para el futuro. Desde ahora en adelante, podemos entrenarnos para permanecer abiertos y compasivos en cualquier circunstancia difícil que encontremos. Entonces, si llegamos a un punto en el que las dificultades sacan lo mejor de nosotros, seremos de gran ayuda para aquellos en los que las dificultades sacan lo peor. Si incluso un pequeño número de personas se convierten en guerreros pacíficos de esta manera, ese grupo podrá ayudar a muchos otros con solo su ejemplo.

Dzigar Kongtrul Rimpoché es un defensor de este tipo de realismo valiente y práctico. Insta a las personas a que se capaciten para convertirse en «*bodisatvas* de hoy» o simplemente «BDH». Sus estudiantes incluso han diseñado una gorra de béisbol con las letras BDH para inspirarse a sí mismos y a los demás a moverse por el mundo con un corazón altruista y resiliente. Este trabajo está basado en el conocimiento de cómo son realmente las cosas y en comportarnos con valentía y creatividad en ese ámbito.

Su Santidad el Dalai Lama dice: «Cuando los viejos fingen ser jóvenes y los tontos fingen ser inteligentes, es mejor ser realistas». Su Santidad ha trabajado para desarrollar programas para llevar la compasión y la empatía a la educación de los niños de todo el mundo. Él ve cómo casi todo el sufrimiento y el caos en el mundo es causado por la mentalidad de «nosotros y ellos». Esto es lo que hay detrás de todos los «-ismos» que provocan gran parte de la violencia desenfrenada, la insensibilidad y la arrogancia de hoy en día. «La compasión no es un asunto religioso», dice. «Es importante saber que es un asunto humano. Es una cuestión de supervivencia humana». En otras palabras, hay algo más en juego en el aprendizaje de la espiritualidad y la meditación que el simple hecho de tratar de sentirse bien con uno mismo o de mejorar la relajación. Reemplazar el «nosotros y ellos» por un sentimiento de igualdad e interconexión universal se está convirtiendo en un requisito práctico para la supervivencia.

Podemos ser realistas y optimistas a la vez porque, en última instancia, la visión del *Dharma* es alentadora y de afirmación de la vida. El Buda enseñó que todos los seres tienen el potencial de despertar completamente, y que todos nosotros con el tiempo podemos llegar ahí. Él y muchas otras personas sabias en este mundo nos han dado herramientas para tomar cualquier cosa que ocurra en nuestra vida y usarla para cultivar nuestra bondad básica, y volvernos más y más capaces de estar ahí para los demás. Cualquier cosa que el futuro nos ofrezca –ya sea bienvenida o no– la podemos usar en nuestro camino del despertar. Para mí, esta actitud es el mejor tipo de optimismo. A medida que nos vayamos abriendo a nuestro potencial como *bodisatvas*, pasaremos de tener una visión minúscula de nosotros mismos y de nuestro mundo a descubrir una capacidad ilimitada para cuidar y beneficiar a nuestros compañeros seres vivos.

# PRÁCTICAS PARA ABRAZAR LO INABRAZABLE

# La meditación sentada básica*

La técnica de meditación sentada llamada *shamatha-vipa-shyana* («tranquilidad-comprensión») es como una llave de oro que nos ayuda a conocernos. En la meditación *shamatha-vipashyana*, nos sentamos erguidos con las piernas cruzadas y los ojos abiertos, las manos apoyadas en los muslos. Entonces simplemente nos damos cuenta de nuestra respiración cuando sale de nosotros. Se requiere precisión para estar ahí con el flujo de la respiración. Por otro lado, se trata de algo extremadamente relajado y suave. Decir: «Estar ahí con la respiración cuando sale de ti» es lo mismo que decir: «Estar plenamente presente». Quédate aquí con lo que sea que esté sucediendo. Al ser conscientes de la respiración cuando sale de nosotros, también podemos ser conscientes de otras cosas que están pasando: sonidos en la calle, la luz en las paredes. Estas cosas pueden captar nuestra atención ligeramente, pero no tienen

---

* El texto de «*Basic Sitting Meditation*» apareció originalmente en el libro de Pema Chödrön *Start Where You Are: A Guide to Compassionate Living*, publicado en 1994.

por qué distraernos. Podemos seguir sentados aquí, conscientes de la respiración que sale de nosotros.

Pero estar con la respiración es solo una parte de la técnica. Esos pensamientos que pasan por nuestra mente de manera continua son la otra parte. Estamos aquí sentados hablando con nosotros mismos. La instrucción es que, cuando te des cuenta de que has estado pensando, lo llames «pensamiento». Cuando tu mente se dispersa, te dices a ti mismo: «pensamiento». Ya sea que tus pensamientos sean violentos o apasionados o llenos de ignorancia y negación; ya sea que tus pensamientos sean de preocupación o miedo; ya sea que tus pensamientos sean pensamientos espirituales, pensamientos agradables de lo bien que lo estás haciendo, pensamientos reconfortantes, pensamientos edificantes: cualquier cosa que sean, sin juicio ni dureza, sencillamente etiquétalos como «pensamiento», y hazlo con honestidad y dulzura.

La sensación táctil de la respiración es sutil: solo alrededor del 25% de la conciencia está en la respiración. No te aferras ni te fijas a ella. Te estás abriendo, permitiendo que la respiración se mezcle con el espacio de la habitación, dejando que tu respiración simplemente salga al espacio. Luego hay algo así como una pausa, un espacio hasta que la siguiente respiración vuelve a salir. Mientras respiras, puede haber una sensación de apertura y espera. Es como tocar el timbre de la puerta y esperar a que alguien conteste. Luego tocas el timbre de nuevo y esperas a que alguien conteste. Entonces probablemente tu mente se aleja y te das cuenta de que estás pensando de nuevo (en este punto, utiliza la técnica de etiquetado). Es importante ser fiel a la técnica. Si encuentras que tu etiqueta tiene un tono áspero y negativo, como si estuvieras diciendo: «¡Maldita sea!», que estás haciéndote pasar un mal rato, di «pensamiento» otra vez y tómatelo con calma. No se trata de abatir los pensamientos como si estuvieras practicando tiro al plato. En vez de eso, sé delicado. Usa la parte del etiquetado como una oportunidad para desarrollar suavidad y compasión hacia ti mismo. Cualquier cosa que surja está bien en el campo de la meditación. Lo importante es que puedes verlo con honestidad y hacerte amigo de ello.

Aunque sea embarazoso y doloroso, es muy curativo dejar de esconderse de uno mismo. Es sanador conocer todas las formas en que te escabulles, todas las formas en que te escondes, criticas a las personas, todas las formas en que te aíslas, niegas, te cierras; todas tus pequeñas extrañezas. Puedes conocer todo eso con un poco de amabilidad y sentido del humor. Conociéndote a ti mismo, llegas a conocer la humanidad en su conjunto. Todos estamos en contra de estas cosas. Estamos todos juntos en esto. Cuando te des cuenta de que estás hablando contigo mismo, etiquétalo como «pensamiento» y sé consciente de tu tono de voz. Que sea compasivo, suave y jocoso. Entonces estarás cambiando viejos patrones encallados que son comunes a toda la raza humana. La compasión por los demás empieza con la bondad hacia nosotros mismos.

# La práctica de *tonglen*\*

La práctica de *tonglen* es un método para conectar con el sufrimiento: el nuestro y el que existe a nuestro alrededor, dondequiera que vayamos. Es un método para superar nuestro miedo al sufrimiento y eliminar la rigidez de nuestro corazón. Principalmente es un método para despertar la compasión que es inherente en todos nosotros, no importa cuán crueles o fríos podamos parecer ser.

Comenzamos la práctica asumiendo el sufrimiento de una persona que sabemos que está sufriendo y que deseamos ayudar. Por ejemplo, si sabemos de un niño que está siendo lastimado, inhalamos con el deseo de quitarle todo su miedo y su dolor. Luego, al exhalar, enviamos felicidad, alegría o lo que sea para aliviar al niño. Este es el núcleo de la práctica: inhalar el dolor de los demás para que puedan estar bien y tener más espacio para relajarse y abrirse; exhalar, enviarles

\* El texto de «La práctica de *tonglen*» está adaptado del libro de Pema Chödrön *Cuando todo se derrumba: palabras sabias para momentos difíciles*, publicado en1997.

relajación o cualquier cosa que sintamos que les brinde alivio y felicidad.

A menudo, sin embargo, no podemos hacer esta práctica porque nos encontramos cara a cara con nuestro propio miedo, nuestra propia resistencia o nuestro enfado, o cualquier dolor personal que tengamos en ese momento. Entonces podemos cambiar el enfoque y empezar a hacer *tonglen* para lo que estemos sintiendo y para millones de otras personas como nosotros que en ese mismo momento están sintiendo exactamente la misma estupidez y miseria. Tal vez podamos ponerle nombre a nuestro dolor. Lo reconocemos claramente como terror, repulsión, enfado o deseo de venganza. Inhalamos para todas las personas que se encuentran atrapadas en esa misma emoción, y enviamos nuestro alivio o lo que sea que abra el espacio para nosotros mismos y para todos esos innumerables otros. Tal vez no podamos ponerle nombre a lo que sentimos. Pero podemos sentirlo: una opresión en el estómago, una oscuridad intensa, cualquier cosa. Simplemente contactamos con lo que sentimos e inhalamos, lo absorbemos *hacia dentro*, para todos nosotros y enviamos *hacia fuera* alivio para todos nosotros.

Las personas a menudo dicen que esta práctica va en contra de cómo normalmente mantenemos la entereza. Ciertamente, esta práctica va en contra de la tendencia natural de querer las cosas en nuestros propios términos, querer que todo nos vaya bien a nosotros sin importar lo que les pase a los demás. La práctica disuelve las paredes que hemos construido alrededor de nuestro corazón. Elimina las capas de autoprotección que tanto nos hemos esforzado por crear. En el lenguaje budista, uno diría que disuelve la fijación y el aferramiento del ego.

El *tonglen* invierte la lógica habitual de evitar el sufrimiento y buscar el placer. En el proceso, nos liberamos de patrones muy antiguos de egoísmo. Comenzamos a sentir amor por nosotros mismos y por los demás; empezamos a cuidarnos a nosotros mismos y a los demás. El *tonglen* despierta nuestra compasión y nos introduce a una visión mucho más amplia de la realidad. Al principio esto nos permite experimentar las cosas de una forma diferente: las sentimos menos importantes y menos sólidas. Empezamos a conectar con la dimensión abierta de nuestro ser. Con la práctica, nos familiarizamos con el espacio ilimitado de *shunyata*.

El *tonglen* se puede hacer para los que están enfermos, los que están muriendo o han muerto, los que están sufriendo algún tipo de dolor... Se puede hacer como una práctica de meditación formal o en cualquier momento. Estamos andando y vemos a alguien con dolor; en ese mismo lugar podemos empezar a respirar el dolor de esa persona y enviarle alivio. O es igual de probable que veamos a alguien con dolor y miremos hacia otro lado. El dolor hace aparecer nuestro miedo o nuestro enfado; saca a relucir nuestra resistencia y nuestra confusión. Así que, en ese momento, podemos hacer *tonglen* para todas las personas como nosotros, todos aquellos que desean ser compasivos, pero que en cambio tienen miedo; que desean ser valientes, pero que en cambio son cobardes. En lugar de castigarnos, podemos usar nuestra situación personal de estar encallados como si fuera un peldaño para entender a qué se enfrenta la gente en todo el mundo. Inhala para todos nosotros y exhala para todos nosotros. Usa lo que parece ser veneno como medicina. Podemos usar nuestro sufrimiento personal como el camino hacia la compasión hacia todos los seres.

Cuando hagas *tonglen* en tu día a día, simplemente inhala y exhala, absorbiendo el dolor y enviando espacio y alivio.

Cuando practiques el *tonglen* como una práctica formal de meditación, esta consta de cuatro etapas:

Primero, descansa tu mente por un corto periodo de tiempo, un segundo o dos, en un estado de apertura o quietud. Esta etapa se llama de forma tradicional «el destello sobre la *bodichita* absoluta», o abrirse repentinamente a la amplitud y claridad básicas. Esto es acceder a un instante libre de mente fija, un momento completamente abierto y fresco antes de que el pensamiento y el prejuicio se impongan.

Si tienes dificultades para conectar con esta apertura, puedes traer a tu mente una imagen de una experiencia abierta de tu vida. Puedes pensar que estás en la playa y miras el vasto océano o que estas en lo alto de una montaña bajo un cielo inmenso, con una vista amplia de muchos kilómetros. O puedes hacer sonar un gong y escuchar su sonido como una forma de entrar en contacto con esa mente fresca y tranquila, libre de fijación. Puede ser cualquier cosa que necesites hacer, la cuestión es que te conectes a un espacio de mente y corazón abiertos, que es el trasfondo para el resto de la práctica.

En segundo lugar, trabaja con las texturas. Cuando inhales, inspira una sensación de calor, oscuridad y pesadez. Esta es la textura claustrofóbica y la cualidad de una mente intensamente fija. Visualiza o genera de algún modo la experiencia de interiorizar esa incomodidad. Inhálala completamente, a través de todos los poros de tu cuerpo. Para algunas personas, es útil pensar en colores o en imágenes. Una imagen tradicional es inhalar humo negro. Algunos inhalan el humo de color rojo porque está caliente; otros visualizan cosas verdes y viscosas. Puedes hacer cualquier cosa que te sirva para darte la sensación de interiorizar esas sensaciones incómodas que normalmente evitarías.

Cuando exhales, espira una sensación de frescor, luminosidad, aire y luz –una sensación de frescura–. Una vez más, puedes usar cualquier imagen que te funcione, como la frescura del azul o el brillo del blanco. Irradia esta frescura en trescientos sesenta grados, a través de todos los poros de tu cuerpo. Que sea una experiencia muy completa. Sigue inhalando y exhalando estas texturas durante un rato. Continúa hasta que parezca que están sincronizadas con tu respiración.

En la tercera fase, conecta con una situación personal que sea dolorosa para ti. Por ejemplo, si tu madre anciana está pasando por un momento difícil, inhala su dolor con el deseo de que se libere de cualquier dolor que esté teniendo. Con tu exhalación envía felicidad, espacio o lo que creas que la beneficiará. O puedes pensar en un animal que sabes que está en una situación cruel y abusiva. En la inhalación, interioriza el dolor de su experiencia, y en la exhalación imagina al animal libre y feliz.

Para esta fase, puedes usar cualquier cosa que te conmueva de forma natural, cualquier cosa que parezca personal y real. Sin embargo, como describí, si te encuentras encallado, puedes hacer la práctica para el dolor que estás sintiendo y al mismo tiempo para todos aquellos que, como tú, sienten este tipo de sufrimiento. Por ejemplo, si te sientes inadecuado, inhala eso para ti y para todos los demás que están en el mismo barco, y envía confianza y adecuación o alivio en cualquier forma que desees.

Finalmente, en la cuarta etapa, ampliamos la situación específica y extendemos lo que interiorizamos y enviamos. La tercera y la cuarta etapa se equilibran mutuamente. La idea es que, si eres demasiado general, eso no te llega al corazón. Pero si eres demasiado específico, puedes quedarte atrapado, sentirte abrumado o quedarte demasiado ensimismado por la situación en particular. Si empezaste haciendo *tonglen* para tu madre, extiéndelo a todas las personas que están en su situación, o a todas las personas mayores en general. Si estás pensando en un animal maltratado, extiéndelo a todos los animales maltratados, o a todos los animales que están pasando por cualquier forma de dolor. Pero si estas contemplaciones empiezan a parecer demasiado generales o abstractas, vuelve al caso específico que es más personal para ti.

Si empezaste con tu propia experiencia de sufrimiento, como tu sentimiento de inadecuación, expande esa contemplación.

Haz *tonglen* para aquellas personas cercanas a ti que se sientan inadecuadas y luego amplia más y más, universalizando ese sentimiento. Cuando empieces a distanciarte demasiado, vuelve a tu propia inadecuación. Saboréala, huélela, experiméntala de verdad y luego vuelve a hacerla más universal.

Otra manera de pasar de la etapa tres a la cuatro es ampliar el alcance de aquellos de quienes te preocupas con facilidad a aquellos que están cada vez más lejos del centro de tu preocupación. Después de hacer *tonglen* para alguien cercano a ti, trata de hacerlo para un desconocido, alguien de quien no sabes nada y que no despierte ningún sentimiento positivo o negativo intenso en ti. Inhala con la aspiración de que estén libres de cualquier dolor que puedan tener. Inhala con el deseo de que se liberen de la mente fija. Luego exhala sentimientos de paz y alegría, sobre todo la espaciosidad y la quietud de su mente y su corazón fundamentalmente abiertos.

A continuación, trata de expandir tu corazón más allá de lo que ahora mismo te parece posible. Piensa en alguien que te resulte difícil. Evita que sea la persona que más miedo te da, mejor, de momento, piensa en alguien que te irrita. Trae a la mente su rostro o su nombre, cualquier cosa que os acerque. Entonces haz *tonglen* para esa persona. Y a medida que tu capacidad aumenta, intenta hacer *tonglen* para aquellas personas que representan para ti un mayor desafío.

Finalmente, amplia tu *tonglen* cada vez más por todo el espacio. Hazlo para todos en tu área local, luego en círculos cada vez más amplios hasta que lo que tomes y lo que envíes cubra el mundo entero. Hazlo para todas las mujeres del mundo que están sufriendo. Hazlo para todos los hombres, todos los niños, todos los animales. Comprueba si de verdad puedes extenderlo y hacer *tonglen* para todo el planeta, para toda el agua, todo el aire y toda la tierra que están sufriendo.

Hazlo como si estuvieras en la Luna mirando hacia la Tierra. Haz *tonglen* para todo el planeta y para todos los seres del planeta –deseando que todos los seres vivos puedan ir más allá de la mente fija de «nosotros y ellos», que todos pudiéramos considerarnos como una familia y vivir juntos en un estado de plena paz y armonía–. En última instancia, puedes hacer *tonglen* para todos los seres, dondequiera que estén en todo el universo.

El *tonglen* puede extenderse hasta el infinito. A medida que haces la práctica, poco a poco y con el tiempo, tu compasión se expande naturalmente, y también lo hace tu comprensión de que las cosas no son tan sólidas como pensabas. Al hacer esta práctica, gradualmente a tu propio ritmo, te sorprenderás de encontrarte cada vez más capaz de estar ahí para los demás, incluso en lo que antes parecían situaciones imposibles.

# Localizar, abrazar, parar, permanecer

LAPP –en inglés *locate, embrace, stop, remain* (LESR), pronunciado como «láser»– significa «localizar, abrazar, parar, permanecer» y es una práctica desarrollada por Richard Reoch, un conocido defensor de los derechos humanos y expresidente de Shambhala Internacional. Puedes usar este método como una manera concisa y fácil de recordar de combinar algunas de las prácticas de este libro para abrazar lo inabrazable

Siempre que sientas que te estás alterando o que tienes sentimientos desagradables, incómodos o encallados, sigue estos cuatro pasos.

1. LOCALIZA. Investiga dónde localizas en tu cuerpo esa sensación de fijación y contracción, y contacta con ella.
2. ABRAZA ese sentimiento, esa sensación, esa contracción. Una manera de hacer esto es siguiendo las instrucciones de Tsoknyi Rimpoché de enviar cualquier sentimiento de miedo, comprensión y autoprotección a tu afecto incondicional. Esto puede parecerse a calmar a un niño histérico. El

aspecto fundamental es revertir la antigua tendencia humana de evitar y rechazar el dolor. En lugar de eso, te diriges hacia él con corazón.

3. PARA la trama argumental. «Parar» funciona para el acrónimo, pero pienso en este paso más bien como soltar, interrumpir o mirar directamente a los pensamientos y las historias. La idea no es dejar de pensar por completo, lo cual no es posible, sino meterte por debajo o detrás de tus pensamientos para contactar con el sentido subyacente de estar enganchado. Puedes aprender mucho con solo tener una experiencia directa y no conceptual de estar enganchado, aunque sea solo por un momento. Una vez que hayas conectado con ese sentimiento crudo, puedes continuar interrumpiendo las historias y seguir volviendo a la experiencia una y otra vez. Tener una práctica de meditación regular te ayudará mucho con este paso.

4. PERMANECE. Permanece presente con el sentimiento. Sigue así hasta que cambie, o hasta que sientas que estás teniendo demasiadas dificultades. No tienes que esperar hasta que te sientas desbordado. Esto no es ninguna prueba de resistencia. Permanece con el sentimiento con amabilidad y dulzura, acercándote a él todo lo que puedas. Lo que sucede a menudo en este momento es que descubres lo doloroso que es ese sentimiento y te das cuenta de que no quieres seguir haciéndote eso a ti mismo. Esto puede hacer que te suavices de forma considerable y también puede hacerte más accesible para ver y oír a otras personas. Puede dar

a tu inteligencia y apertura naturales la oportunidad de emerger.

Una vez que hayas trabajado con estos cuatro pasos durante un tiempo, puedes intentar añadir un quinto paso. Aquí hay dos alternativas principales.

La primera es lo que yo llamo «experimentar la vacuidad del sentimiento». Existen varias maneras de experimentar con esto, pero todas tienen que ver con la idea –por muy fugaz que sea– de que el sufrimiento de uno no proviene del sentimiento en sí, sino de la sensación de que hay alguien que sufre. Por ejemplo, mientras estás presente con el sentimiento que se esconde bajo la trama argumental, pregúntate: «¿Quién está sintiendo esto?». Haz una pausa y contempla. Entonces haz la pregunta de nuevo: «¿Quién está sintiendo esto?». Puedes repetir este proceso varias veces si lo encuentras útil.

También puedes llegar a experimentar la vacuidad del sentimiento desde otros ángulos. Puedes explorar preguntas como: «¿Es esto permanente?», «¿Es pasajero?», «¿Es sólido?», «¿Es fluido?», «¿Es fijo?», «¿Es dinámico?», «¿Es finito o infinito?». También puedes preguntar: «¿Tengo la sensación de que eso soy yo?», «¿Eso no soy yo?», «¿Es un obstáculo?», «¿Es un portal?». O puedes tocar el sentimiento, totalmente libre de la trama argumental y decir: «Cuando se experimenta de forma directa, este sentimiento es la bondad básica», o «La bondad básica se encuentra aquí mismo». Dicho de otro modo, no tienes que esperar hasta que el sentimiento se haya ido para encontrar la bondad básica.

Un quinto paso alternativo es experimentar con el uso del sentimiento como una forma de despertar la compasión. Mientras permaneces presente con el sentimiento crudo, contempla que incontables personas y animales en todo el planeta se sienten así. Utiliza tu experiencia como una manera de obtener una visión de lo que somos unos con otros. En este punto, se pueden contemplar las siguientes palabras: «Que yo y todos los seres que se sienten así estemos libres de nuestro dolor. Que estemos libres de la contracción subyacente y del miedo que provienen de defender nuestro territorio personal». También puedes aprovechar esta oportunidad para practicar *tonglen*, inhalando y abriéndote profundamente al sentimiento compartido, y luego exhalando alivio para todos los seres (incluyendo a tu yo temeroso y contraído) que se encuentran atrapados de la misma manera.

Estos cinco pasos se basan en la misma idea. El acceso a tu capacidad innata de experimentar tus sentimientos de forma directa y no conceptual te proporciona una entrada para profundizar en la experiencia de la vacuidad y la compasión. Al principio, la vacuidad y la compasión parecen cosas separadas, pero con el tiempo las experimentarás en su esencia básica como inseparables y no duales.

LAPP y sus prácticas relacionadas te brindan los medios para expandir tu visión y abrir tu corazón y tu mente, en el preciso instante en el que a menudo nos contraemos y nos encerramos en nosotros. Estas son prácticas para toda la vida que puedes empezar hoy.

# Agradecimientos

Estoy agradecida a muchas personas que han hecho posible este libro y me gustaría dar las gracias a algunas de ellas de forma especial. Megan Jacoby transcribió horas y horas de mis enseñanzas, que constituyeron el material de partida para este libro. Barbara Abrams revisó cada capítulo y contribuyó con muchas ideas valiosas. Rachel Neumann, de Shambhala Publications, hizo preguntas importantes y encontró formas de aclarar y afinar el manuscrito final. De forma generosa, Tami Simon dio permiso para usar material de mi discurso de graduación de 2014 en Naropa University, que fue publicado por primera vez por Sounds True como *Fail, Fail Again, Fail Better.* Mark Wilding, de PassageWorks, me dio a conocer la frase que se convirtió en el título de este libro, así como los tres círculos concéntricos del capítulo de la zona de confort. Mi amigo Ken McLeod escribió *Reflections on Silver River*, un libro que ha profundizado considerablemente mi comprensión del camino del *bodisatva*. Y Joseph Waxman, con quien siempre es un placer trabajar, organizó estas enseñanzas en capítulos, párrafos y frases; sin él, este libro no existiría.

*Pema Chödrön, fotografiada por Christine Alicino*

editorial **K**airós

Puede recibir información sobre
nuestros libros y colecciones inscribiéndose en:

**www.editorialkairos.com**
**www.editorialkairos.com/newsletter.html**
**www.letraskairos.com**

Numancia, 117-121 • 08029 Barcelona • España
tel. +34 934 949 490 • info@editorialkairos.com